新訂版

議事録作成の実務と実践

[編著]

鈴木龍介
Ryusuke Suzuki

[著]

内山 潤　早川将和
Jun Uchiyama　Masakazu Hayakawa

第一法規

新訂版はしがき

　平成28（2016）年に本書の初版である『議事録作成の実務と実践』が刊行され、このたび版を重ねることができたことに感謝申し上げます。

　初版刊行後5年超の間には、議事録の作成の実務にも密接に関連する、いわゆる令和元年会社法の改正や同年商業登記法の改正がありました。そして、何より新型コロナ感染症の蔓延という非常事態に見舞われ、さまざまな分野に大きな影響を及ぼすこととなり、それは議事録の作成を含む企業法務の世界もけっして例外ではありません。

　本書の特徴ですが、1点目は、株式会社の各種の議事録の作成の前提となる会社法のポイントを、最新の情報をベースに実務の指針となる根拠を示しつつ、コンパクトに整理したことです。2点目は、目まぐるしい変化を遂げている商業登記の申請に添付する議事録の重要性を強く意識したことです。3点目は、コロナ禍のなかで、今後の利活用が期待される議事録の電子化をQ＆A形式で取り上げたことです。こちらは初版にないパートということで、あらたな執筆者を迎えました。なお、初版で登載しました英文の記載例については、紙幅等の関係も踏まえ、他書に委ねることといたしました。

　本書が、議事録の作成に携わる企業の総務部・法務部等のみなさまや、それを支援する弁護士・司法書士・税理士といった士業の方々の実務の一助となれば編著者にとって望外の喜びです。

　最後になりますが、本書の出版に多大なご尽力をいただきました第一法規株式会社の名倉亮子氏および大原芳恵氏に心より御礼申し上げます。

令和4（2022）年3月

編著者を代表して　　鈴木　龍介

目次

第1章 議事録の基礎・基本 —————————— 1

Ⅰ 議事録作成の意義 ———————————— 1
- 1. アウトライン ————————————————— 1
- 2. 証拠 ————————————————————— 1
- 3. 開示 ————————————————————— 2
- 4. 登記手続 ————————————————— 2
  - (1) 商業登記　　　　2　　(2) 不動産登記 ——————— 3

Ⅱ 議事録の分類 —————————————— 3
- 1. 法定 ————————————————————— 3
- 2. 内規 ————————————————————— 4

Ⅲ 議事録作成の形式的ルール ——————— 4
- 1. 記録媒体 ————————————————— 5
- 2. 記載の仕方 ————————————————— 5
- 3. 用字用語 ————————————————— 6
- 4. 署名等 ———————————————————— 6
- 5. 押印 ————————————————————— 7
- 6. 表紙 ————————————————————— 7
- 7. とじ方 ———————————————————— 9
- 8. 修正 ————————————————————— 11

Ⅳ 外国語による議事録 ——————————— 13

Ⅴ 議事録の備置き ————————————— 14

Ⅵ 議事録に関する罰則 ——————————— 16

- iv -

第2章 株主総会議事録 ———— 18

Ⅰ 株主総会のポイント 18

1. 意義等 18
(1) アウトライン 18 (2) 権限の分配 18

2. 報告事項と決議事項 19

3. 招集 20
(1) 基準日の設定 20 (2) 招集の決定 21
(3) 招集の通知等 21

4. 決議要件 23
(1) 普通決議 23 (2) 特別決議 23
(3) 特殊決議 24 (4) 特別特殊決議 24

5. 定時株主総会・臨時株主総会 29

6. 決議・報告の省略 30
(1) 決議の省略 30 (2) 報告の省略 31

7. 種類株主総会 31

8. 延会・継続会（続会） 32

9. バーチャル総会 32
(1) バーチャルオンリー型 33 (2) ハイブリッド出席型 33
(3) ハイブリッド参加型 34

Ⅱ 株主総会議事録のポイント 34

1. 作成者 34

2. 作成時期 35

3. 実開催における記載事項 35
(1) 標題 35 (2) 日時 36
(3) 場所 36 (4) 出席役員等 36
(5) 議長 37 (6) 議事の経過の要領・結果 37
(7) 議事録作成者 42 (8) 署名等 43

4. バーチャル総会における記載事項 46
(1) バーチャルオンリー型 46 (2) ハイブリッド出席型 48
(3) ハイブリッド参加型 48

5. 決議・報告の省略における記載事項 51
(1) 標題 51 (2) 株主 51
(3) みなし決議・報告の内容 51 (4) 提案者等 52
(5) みなし決議・報告日 52 (6) 議事録作成者 52

6. 登記申請への添付 ……………………………………………… 58
　　7. 備置き ……………………………………………………………… 59

Ⅲ　各議案等の記載例とポイント …………………………………… 60

Ⅲ-1　計算等関係 …………………………………………………… 60

1. 事業報告等 ……………………………………………………… 60
　　(1) アウトライン ……………… 60　　(2) 事業報告の提供 …………… 60
　　(3) 事業報告の記載事項 ……… 61　　(4) 監査報告 …………………… 62

2. 計算書類の承認・報告 ………………………………………… 63
　　(1) アウトライン ……………… 63　　(2) 承認と報告 ………………… 63
　　(3) 連結計算書類 ……………… 64　　(4) 臨時計算書類 ……………… 65

3. 剰余金の配当 …………………………………………………… 66

4. 剰余金の処分 …………………………………………………… 67

5. 資本金の額の減少 ……………………………………………… 69
　　(1) アウトライン ……………… 69　　(2) 決議の態様 ………………… 69
　　(3) 決議すべき事項 …………… 69　　(4) 登記手続 …………………… 70

6. 準備金の額の減少 ……………………………………………… 71
　　(1) アウトライン ……………… 71　　(2) 決議の態様 ………………… 71
　　(3) 決議すべき事項 …………… 72　　(4) 登記手続 …………………… 73

Ⅲ-2　定款変更(総則等)関係 ……………………………………… 73

1. 商号変更 ………………………………………………………… 74
　　(1) アウトライン ……………… 74　　(2) 類似商号 …………………… 74
　　(3) 使用文字等 ………………… 74　　(4) 登記手続 …………………… 75

2. 本店移転 ………………………………………………………… 76
　　(1) アウトライン ……………… 76　　(2) 具体的所在場所の決定 …… 76
　　(3) 登記手続 …………………… 76

3. 目的変更 ………………………………………………………… 78
　　(1) アウトライン ……………… 78　　(2) 目的設定のルール ………… 78
　　(3) 使用文字 …………………… 78　　(4) 登記手続 …………………… 79

4. 公告方法の変更 ………………………………………………… 80
　　(1) アウトライン ……………… 80　　(2) 公告の媒体 ………………… 80
　　(3) 公告方法の定め方 ………… 81　　(4) 登記手続 …………………… 81

5. 株主総会参考書類等の電子提供措置をとる旨の定め ……… 82
　　(1) アウトライン ……………… 82　　(2) 登記手続 …………………… 84

目 次

6. 事業年度の変更 85
  (1) アウトライン 85　(2) 役員等の任期との関係 85

Ⅲ-3 役員等関係 86

1. 役員等の選任 86
  (1) アウトライン 86　(2) 就任承諾 87
  (3) 予選 87　(4) 補欠役員 88
  (5) 後任補欠役員 89　(6) 登記手続 90

2. 役員報酬等の決定 90
  (1) アウトライン 90　(2) 報酬等の改定 91
  (3) 退職慰労金 92　(4) 役員賞与 93
  (5) 取締役への株式報酬 93
  (6) 取締役への新株予約権報酬 94
  (7) 株式・新株予約権の払込みに充てる金銭報酬 95

3. 役員等の責任免除等 96
  (1) アウトライン 96　(2) 責任免除規定 97
  (3) 責任限定契約規定 98　(4) 登記手続 99

Ⅲ-4 株式等関係 99

1. 発行可能株式総数の変更 100
  (1) アウトライン 100　(2) 他の手続との関係 100
  (3) 登記手続 101

2. 種類株式の設定等 102
  (1) アウトライン 102　(2) 登記手続 103

3. 募集株式の発行 104
  (1) アウトライン 104　(2) 有利発行 105
  (3) 支配権の異動 106　(4) 登記手続 107

4. 自己株式の取得 107
  (1) アウトライン 107　(2) 全株主対象の場合 107
  (3) 特定株主対象の場合 108

5. 株式併合 109
  (1) アウトライン 109　(2) 登記手続 110

6. 単元株式の設定等 111
  (1) アウトライン 111　(2) 設定のルール 111
  (3) 決議の態様 112　(4) 登記手続 112

7. 株主名簿管理人の設置 113
  (1) アウトライン 113　(2) 登記手続 113

- *vii* -

目次

 8. ストックオプションの発行 ················· 114
  (1) アウトライン ··········· 114 (2) 登記手続 ················· 115
 9. 買収防衛策の導入 ·························· 115

Ⅲ-5 組織再編関係 ························· 116
 1. 吸収合併 ································· 116
  (1) アウトライン ··········· 116 (2) 吸収合併契約の承認 ····· 117
  (3) 登記手続 ················· 117
 2. 吸収分割 ································· 118
  (1) アウトライン ··········· 118 (2) 吸収分割契約の承認 ····· 118
  (3) 登記手続 ················· 119
 3. 新設分割 ································· 120
  (1) アウトライン ··········· 120 (2) 新設分割計画の承認 ····· 120
  (3) 登記手続 ················· 121
 4. 株式交換 ································· 121
  (1) アウトライン ··········· 121 (2) 株式交換契約の承認 ····· 122
  (3) 登記手続 ················· 122
 5. 株式移転 ································· 123
  (1) アウトライン ··········· 123 (2) 株式移転計画の承認 ····· 123
  (3) 登記手続 ················· 124
 6. 株式交付 ································· 124
  (1) アウトライン ··········· 124 (2) 株式交付計画の承認 ····· 125
  (3) 登記手続 ················· 126
 7. 事業譲渡等 ······························ 126
  (1) アウトライン ··········· 126 (2) 事業譲渡等契約の承認 ··· 127

第3章 取締役会議事録 ―――――― 129

Ⅰ 取締役会のポイント ················· 129
 1. 意義等 ·································· 129
  (1) アウトライン ··········· 129 (2) 設置 ···················· 129
  (3) 構成 ···················· 129 (4) 職務 ···················· 130
 2. 報告事項と決議事項 ······················ 130

目次

3. 招集 ··· *132*
- (1) 招集権者 ·················· *132*
- (2) 招集時期 ··················· *133*
- (3) 招集通知の内容 ········· *133*
- (4) 招集通知の方法 ··········· *134*

4. 決議方法 ·· *135*

5. 決議・報告の省略 ······························· *135*
- (1) 決議の省略 ·············· *136*
- (2) 報告の省略 ··············· *137*

6. オンライン会議システム等の利用 ······· *137*

Ⅱ 取締役会議事録のポイント ·················· *137*

1. 作成者 ·· *138*

2. 作成時期 ·· *138*

3. 実開催における記載事項 ······················ *138*
- (1) 標題 ························· *138*
- (2) 日時 ······················· *139*
- (3) 場所 ························· *139*
- (4) 出席役員等 ··············· *139*
- (5) 特別利害関係取締役 ···· *140*
- (6) 議長 ······················· *140*
- (7) 議事の経過の要領・結果 *140*
- (8) 議事録作成者 ············· *142*
- (9) 署名等 ···················· *142*

4. 決議の省略における記載事項 ··············· *146*
- (1) 標題 ························· *146*
- (2) みなし決議の内容 ······· *147*
- (3) 提案者 ····················· *147*
- (4) 特別利害関係取締役 ····· *147*
- (5) みなし決議日 ············ *147*
- (6) 議事録作成者 ············· *147*
- (7) 署名等 ···················· *148*

5. 報告の省略における記載事項 ··············· *152*
- (1) 標題 ························· *152*
- (2) みなし報告の内容 ······· *152*
- (3) みなし報告日 ············ *152*
- (4) 議事録作成者 ············· *153*
- (5) 署名等 ···················· *153*

6. 登記申請への添付 ······························ *153*

7. 備置き ··· *154*

Ⅲ 各議案のポイントと記載例 ················· *154*

Ⅲ-1 報告事項関係 ································· *155*

1. 職務執行状況 ····································· *155*

2. 月次決算 ·· *155*

3. 内部統制システムの運用状況 ··············· *156*

目 次

4. その他の報告事項 ································· *157*
 (1) 競業取引・利益相反取引の報告 ········· *157*
 (2) 補償の報告 ································· *157*

Ⅲ-2　決議事項関係：株主総会関連 ········· *158*
1. 株主総会の招集 ································· *158*
2. 基準日の設定 ································· *161*

Ⅲ-3　決議事項関係：人事関連 ··········· *162*
1. 代表取締役の選定 ································· *162*
 (1) アウトライン ········· *162* (2) 登記手続 ········· *162*
2. 役付取締役の選定 ································· *164*
3. 重要な使用人の選任等 ··················· *166*
 (1) アウトライン ········· *166* (2) 登記手続 ········· *166*
4. 取締役の報酬等の決定 ··················· *167*
5. 利益相反取引の承認 ······················· *169*
 (1) 直接取引 ················· *170* (2) 間接取引 ········· *171*
 (3) 不動産登記申請の添付書面 ··········· *172*
6. 役員等の責任の一部免除 ·················· *173*
7. 補償契約の内容の決定 ··················· *174*
8. 役員等のために締結される保険契約の内容の決定 ········· *175*
9. 業務の執行の社外取締役への委託 ········· *176*

Ⅲ-4　決議事項関係：株式等関連 ········· *178*
1. 募集株式の発行 ································· *178*
 (1) アウトライン ········· *178* (2) 自己株式の処分 ········· *179*
 (3) 登記手続 ········· *180*
2. 自己株式の取得 ································· *180*
3. 自己株式の消却 ································· *182*
 (1) アウトライン ········· *182* (2) 登記手続 ········· *183*
4. 株式分割 ································· *183*
 (1) アウトライン ································· *183*
 (2) 発行可能株式総数との関係 ········· *184*
 (3) 登記手続 ································· *184*
5. 株式譲渡承認 ································· *186*
6. 株式取扱規則の改訂 ······················· *187*

Ⅲ-5 決議事項関係：財務関連 ································ 188
1. 計算書類の承認 ································ 188
2. 決算開示 ································ 190

Ⅲ-6 決議事項関係：その他 ································ 191
1. 内部統制システムの構築 ································ 191
2. 重要財産の処分等 ································ 192
3. 多額の借財 ································ 193
4. 簡易・略式再編 ································ 194
　(1) アウトライン ········ 194　　(2) 簡易再編 ········ 194
　(3) 略式再編 ········ 195　　(4) 登記手続 ········ 195
5. 本店移転 ································ 196
　(1) アウトライン ········ 196　　(2) 移転日と決議日 ········ 196
　(3) 登記手続 ········ 196
6. 支店設置等 ································ 197
　(1) アウトライン ········ 197　　(2) 登記手続 ········ 197
7. 子会社設立等 ································ 198
8. 重要な組織の変更等 ································ 199
9. 取締役会規程の改訂 ································ 200

第4章 監査役会議事録 ──────── 202

Ⅰ 監査役会のポイント ································ 202
1. 意義等 ································ 202
　(1) アウトライン ········ 202　　(2) 設置 ········ 202
　(3) 構成 ········ 203
2. 職務 ································ 203
3. 報告事項と決議事項 ································ 203
4. 招集 ································ 204
5. 決議方法等 ································ 205
6. 報告の省略 ································ 205
7. オンライン会議システム等の利用 ································ 206

Ⅱ 監査役会議事録のポイント·······206

1. 作成者·······206
2. 作成時期·······206
3. 実開催における記載事項·······207
(1) 標題·······207　(2) 日時·······207
(3) 場所·······207　(4) 出席役員等·······208
(5) 議長·······208
(6) 議事の経過の要領・結果·······209
(7) 議事録作成者·······210　(8) 署名等·······210
4. 報告の省略における記載事項·······213
(1) 標題·······213
(2) 報告を要しないものとされた事項の内容·······213
(3) 報告を要しないものとされた日·······213
(4) 議事録作成者·······214　(5) 署名等·······214
5. 登記申請への添付·······216
6. 備置き·······216

Ⅲ 各議案のポイントと記載例·······217

1. 監査報告の作成·······217
2. 監査方針の決定·······218
3. 常勤監査役の選定·······218
4. 特定監査役の選定·······219
5. 監査役の報酬等の決定·······220
6. 監査役の退職慰労金贈呈の決定·······220
7. 会計監査人選任等の議案の決定·······221
8. 会計監査人報酬等の同意·······222
9. 監査役会規程の改訂·······223

第5章 監査等委員会議事録 ——————— 225

Ⅰ 監査等委員会のポイント ··················· 225

1. 意義等 ····································· 225

(1) アウトライン ········· 225　(2) 設置 ················· 225

(3) 構成 ················· 226　(4) 監査等委員の選任等 ··· 226

(5) 監査等委員の報酬等 ··· 226　(6) 業務執行の決定の委任 ··· 227

2. 職務 ······································· 228

3. 報告事項と決議事項 ···························· 228

4. 招集 ······································· 229

5. 決議方法等 ································· 230

6. 報告の省略 ································· 231

7. オンライン会議システム等の利用 ·············· 231

Ⅱ 監査等委員会議事録のポイント ··········· 232

1. 作成者 ····································· 232

2. 作成時期 ··································· 232

3. 実開催における記載事項 ······················ 232

(1) 標題 ················· 233　(2) 日時 ················· 233

(3) 場所 ················· 233　(4) 出席役員等 ··········· 234

(5) 特別利害関係人 ······· 234　(6) 議長 ················· 234

(7) 議事の経過の要領・結果 235　(8) 議事録作成者 ········· 236

(9) 署名等 ··············· 236

4. 報告の省略における記載事項 ·················· 239

(1) 標題 ················· 239

(2) 報告を要しないものとされた事項の内容 ······· 240

(3) 報告を要しないものとされた日 ············· 240

(4) 議事録作成者 ········· 240　(5) 署名等 ··············· 240

5. 登記申請への添付 ···························· 242

6. 備置き ····································· 242

Ⅲ 各議案のポイントと記載例 ················· 243

1. 監査報告の作成 ······························ 243

2. 監査方針の決定 ······························ 244

3. 常勤監査等委員等の選定 ······················ 245

目 次

4. 特定監査等委員の選定 246
5. 監査等委員の報酬等の決定 247
6. 監査等委員の退職慰労金贈呈の決定 248
7. 監査等委員でない取締役の報酬等の意見決定 249
8. 会計監査人選任等の議案の決定 250
9. 会計監査人報酬等の同意 251
10. 監査等委員会規程の改訂 251
11. 利益相反取引の事前承認 252

第6章 Q&A 議事録の電子化 —— 254

【Q1 電子議事録の意義】
電子議事録とはどのようなものでしょうか? 254
【Q2 電子議事録のメリット・デメリット】
電子議事録にはどのようなメリットやデメリットがあるの
でしょうか? 255
【Q3 電子議事録の作成方法】
電子議事録はどのように作成すればよいのでしょうか? 256
【Q4 電子署名の意義】
電子文書における電子署名とはどのようなものでしょうか? 257
【Q5 電子署名の分類】
電子署名にはどのようなものがあるのでしょうか? 258
【Q6 電子署名の有効性確認】
電子署名が有効かどうかはどのように確認するのでしょうか? 261
【Q7 商業登記申請と電子議事録】
商業登記申請において電子議事録を使うことができるので
しょうか? 263
【Q8 株主総会議事録と電子署名】
株主総会議事録にはどのような電子署名が必要となるので
しょうか? 264
【Q9 取締役会議事録と電子署名】

- xiv -

取締役会議事録にはどのような電子署名が必要となるので
しょうか？……………………………………………………266

【Q10 監査役会議事録・監査等委員会議事録と電子署名】
監査役会議事録・監査等委員会議事録にはどのような電子
署名が必要となるのでしょうか？………………………269

索引………………………………………………………………271

編著者紹介……………………………………………………276

記載例　目次

記載例1-1	株主総会議事録の表紙	8
記載例1-2	備置書類閲覧・謄写請求書	16
記載例2-1	基準日公告	21
記載例2-2	出席議決権等（簡易）	38
記載例2-3	出席議決権等（詳細）	38
記載例2-4	個別審議（上程）方式	39
記載例2-5	一括審議（上程）方式	39
記載例2-6	株主提案議案	42
記載例2-7	株主総会議事録：実開催	44
記載例2-8	種類株主総会議事録：実開催	45
記載例2-9	株主総会議事録：バーチャルオンリー型	48
記載例2-10	株主総会議事録：ハイブリッド出席型	50
記載例2-11	株主総会決議の省略に関する提案書	53
記載例2-12	株主総会議事録：決議の省略	53
記載例2-13	株主総会の報告の省略に関する通知書	54
記載例2-14	株主総会議事録：報告の省略	55
記載例2-15	株主総会の報告の省略に関する通知書、決議省略に関する提案書・同意書	56
記載例2-16	株主総会議事録：定時株主総会の報告・決議の省略	57
記載例2-17	事業報告	62
記載例2-18	監査役会の監査報告	63
記載例2-19	議案：計算書類の承認	65
記載例2-20	議案：計算書類の報告	66
記載例2-21	議案：剰余金の配当	67
記載例2-22	議案：その他剰余金の処分	68
記載例2-23	議案：資本金の額の減少	70
記載例2-24	議案：資本準備金の額の減少	72
記載例2-25	議案：商号変更	75
記載例2-26	議案：本店移転	77
記載例2-27	議案：目的変更	79
記載例2-28	議案：公告方法の変更	82
記載例2-29	議案：株主総会参考書類等の電子提供措置をとる旨の定め設定	84
記載例2-30	議案：事業年度の変更	86
記載例2-31	議案：取締役の選任	88

目 次

記載例 2-32　議案：補欠監査役の選任………………………………………89

記載例 2-33　議案：後任補欠取締役の選任…………………………………90

記載例 2-34　議案：取締役報酬等の改定……………………………………92

記載例 2-35　議案：退任取締役退職慰労金の贈呈…………………………93

記載例 2-36　議案：取締役賞与の支給………………………………………93

記載例 2-37　議案：取締役への株式報酬……………………………………96

記載例 2-38　議案：責任免除規定の設定……………………………………98

記載例 2-39　議案：責任限定契約規定の設定………………………………99

記載例 2-40　議案：発行可能株式総数の変更…………………………………102

記載例 2-41　議案：種類株式（配当優先）の設定……………………………103

記載例 2-42　議案：募集株式の発行（有利発行）……………………………105

記載例 2-43　議案：募集株式の発行（支配権の異動）………………………106

記載例 2-44　議案：自己株式の取得（全株主対象）…………………………108

記載例 2-45　議案：自己株式の取得（特定株主対象）………………………109

記載例 2-46　議案：株式併合……………………………………………………111

記載例 2-47　議案：単元株式の設定……………………………………………113

記載例 2-48　議案：株主名簿管理人の設置……………………………………114

記載例 2-49　議案：役員への新株予約権の発行………………………………115

記載例 2-50　議案：買収防衛策の導入…………………………………………116

記載例 2-51　議案：吸収合併契約の承認………………………………………118

記載例 2-52　議案：吸収分割契約の承認………………………………………119

記載例 2-53　議案：新設分割計画の承認………………………………………121

記載例 2-54　議案：株式交換契約の承認………………………………………123

記載例 2-55　議案：株式移転計画の承認………………………………………124

記載例 2-56　議案：株式交付計画の承認………………………………………126

記載例 2-57　議案：事業譲渡……………………………………………………128

記載例 2-58　議案：重要子会社株式の譲渡……………………………………128

記載例 3-1　取締役会の招集通知………………………………………………134

記載例 3-2　取締役会議事録：実開催…………………………………………143

記載例 3-3　取締役会議事録：オンライン会議システム等の利用…………145

記載例 3-4　取締役会決議の省略に関する提案書・回答書：取締役への提案…148

記載例 3-5　取締役会決議の省略に関する提案書・回答書：監査役への提案…150

記載例 3-6　取締役会議事録：決議の省略……………………………………151

記載例 3-7　報告：職務執行状況………………………………………………155

記載例 3-8　報告：月次決算……………………………………………………156

記載例 3-9　報告：内部統制システムの運用状況……………………………157

目 次

記載例3-10　決議：定時株主総会招集の決定 160

記載例3-11　決議：基準日の設定 161

記載例3-12　決議：代表取締役の選定 164

記載例3-13　決議：役付取締役の選定 165

記載例3-14　決議：支配人の選任 167

記載例3-15　決議：重要な使用人の選任・異動 167

記載例3-16　決議：取締役報酬の決定 169

記載例3-17　決議：利益相反取引（直接取引）の承認 170

記載例3-18　決議：利益相反取引（間接取引）の承認 172

記載例3-19　決議：役員等の責任の免除 174

記載例3-20　決議：補償内容の決定 175

記載例3-21　決議：役員等賠償責任保険内容の決定 176

記載例3-22　決議：業務の執行の社外取締役への委託 177

記載例3-23　決議：募集株式の発行：第三者割当（総数引受） 179

記載例3-24　決議：自己株式の処分（条件付割当） 180

記載例3-25　決議：自己株式の取得（市場取引・ToSTNeT-3） 181

記載例3-26　決議：自己株式の消却 182

記載例3-27　決議：株式分割 185

記載例3-28　決議：株式譲渡承認 186

記載例3-29　決議：株式取扱規則の改訂 188

記載例3-30　決議：計算書類の承認 189

記載例3-31　決議：決算開示 190

記載例3-32　決議：内部統制システムの構築 191

記載例3-33　決議：不動産の売却 192

記載例3-34　決議：事業用資金の借入れ 193

記載例3-35　決議：簡易合併契約の承認 195

記載例3-36　決議：本店移転 197

記載例3-37　決議：支店設置 198

記載例3-38　決議：子会社の設立 199

記載例3-39　決議：経営企画室の新設 200

記載例3-40　決議：取締役会規程の改訂 201

記載例4-1　監査役会議事録：実開催 211

記載例4-2　監査役会議事録：オンライン会議システム等の利用 212

記載例4-3　監査役会の報告の省略に関する通知書 214

記載例4-4　監査役会議事録：報告の省略 215

記載例4-5　議案：監査報告の作成 217

目 次

記載例4-6 議案：監査方針の決定 218

記載例4-7 議案：常勤監査役の選定 218

記載例4-8 議案：特定監査役の選定 219

記載例4-9 議案：監査役の報酬等の決定 220

記載例4-10 議案：監査役の退職慰労金贈呈の決定 221

記載例4-11 議案：会計監査人選任等の議案の決定 222

記載例4-12 議案：会計監査人報酬等の同意 223

記載例4-13 議案：監査役会規程の改訂 224

記載例5-1 監査等委員会議事録：実開催 237

記載例5-2 監査等委員会議事録：オンライン会議システム等の利用 238

記載例5-3 監査等委員会の報告の省略に関する通知書 241

記載例5-4 監査等委員会議事録：報告の省略 241

記載例5-5 議案：監査報告の作成 244

記載例5-6 議案：監査方針の決定 245

記載例5-7 議案：常勤監査等委員の選定 245

記載例5-8 議案：特定監査等委員の選定 247

記載例5-9 議案：監査等委員の報酬等の決定 248

記載例5-10 議案：監査等委員の退職慰労金贈呈の決定 249

記載例5-11 議案：監査等委員以外の取締役の報酬等の意見決定 250

記載例5-12 議案：会計監査人選任等の議案の決定 250

記載例5-13 議案：会計監査人報酬等の同意 251

記載例5-14 議案：監査等委員会規程の改訂 252

記載例5-15 議案：利益相反取引の事前承認 253

凡例

1. 法令番号・裁判例について、原則として下表の表記を用いています。

種別	表記例	詳細表記等
訓　令	昭○・○・○内閣訓令○号	昭和○年○月○日内閣訓令第○号
告　示	平○・○・○法務告示○号	平成○年○月○日法務省告示第○号
通達等	平○・○・○民商○号通達	平成○年○月○日付法務省民商第○号民事局長通達
裁判例	最判昭○・○・○民集○巻○号○頁	昭和○年○月○日最高裁判所判決、最高裁判所民事判例集第○巻第○号○頁
	最判昭○・○・○裁判集民○号○頁	昭和○年○月○日最高裁判所判決、最高裁判所裁判集民事第○号○頁
	最判昭○・○・○判時○号○頁	昭和○年○月○日最高裁判所判決、判例時報第○号○頁
	名古屋高金沢支判昭○・○・○下民集○巻○号○頁	昭和○年○月○日名古屋高等裁判所金沢支部判決、下級裁判所民事裁判例集第○巻第○号○頁
	東京地判平○・○・○金判○号○頁	平成○年○月○日東京地方裁判所判決、金融・商事判例第○号○頁

2. 法令名について、正式名称または下表の略語を用いています。

令和元年改正会社法整備法	会社法の一部を改正する法律の施行に伴う関係法律の整備等に関する法律（令和元年12月11日法律第71号）
振替法	社債、株式等の振替に関する法律（平成13年6月27日法律第75号）
開示府令	企業内容等の開示に関する内閣府令（昭和48年1月30日大蔵省令第5号）
電子署名法	電子署名及び認証業務に関する法律（平成12年5月31日法律第102号）
電子署名法施行規則	電子署名及び認証業務に関する法律施行規則（平成13年3月27日総務省、法務省、経済産業省令第2号）

3. 文献について、正式名称または下表の略語を用いています。

相澤ほか・論点解説	相澤哲・葉玉匡美・郡谷大輔編著『論点解説 新・会社法―千問の道標』（商事法務、2006年）
江頭・株式	江頭憲治郎著『株式会社法 第8版』（有斐閣、2021年）
竹林・一問一答	竹林俊憲編著『一問一答　令和元年改正会社法』（商事法務、2020年）
坂本・一問一答	坂本三郎編著『一問一答　平成26年改正会社法〔第2版〕』（商事法務、2015年）
松井・商業登記	松井信憲著『商業登記ハンドブック　第4版』（商事法務、2021年）
弥永・コンメ	弥永真生著『コンメンタール会社法施行規則・電子公告規則〔第3版〕』（商事法務、2021年）

第1章
議事録の基礎・基本

I 議事録作成の意義

1. アウトライン

　株式会社は、株主・役員・債権者等その内外に多数の利害関係者の関与が予定されている事業体である。このような多数の者の間で会議等により情報の交換や意思決定がなされた場合、参加者をはじめとする関係者間で認識のズレを生じさせないことは重要である。さらに、取締役等に課された義務が適切に遂行されているか疑義が生じた場合、株主等がその責任追及をするかを判断するための資料が必要となるときもあり、多数の者が関与する意思決定等における過程と結果を記録し、一定の期間保存することが必要であるといえる。つまり、株式会社における会議体の議事録は、現時点や将来において会社に関与することとなる関係者間で議事の内容等を共有し、意思決定等における責任の所在を明らかにするという役割を果たしているといえる。

　株式会社では、株主総会等の法定されている機関の会議体（以下「法定会議体」という）の議事の内容等について、議事録というかたちで記録を残すことが法令によって義務付けられている（会社法318条1項、369条3項等）。

2. 証拠

　法定会議体に関する各種の議事録（以下「法定議事録」という）には、「議事の経過の要領及びその結果」を記載することが求められている（会社法施行規則72条3項2号、101条3項4号等）。

- 1 -

とりわけ、法定議事録のうち取締役会等の一部の議事録については、出席者の署名または記名押印が求められており（会社法369条3項、393条2項等）、これによって文書の真正に関する推定が働くこととなる（民事訴訟法228条4項）。また、それらの議事録については、「議事録に異議をとどめないものは、その決議に賛成したものと推定する」との規定が設けられている（会社法369条5項、393条4項等）。

すなわち、法定会議体での意思決定等が後日問題となった場合、法定議事録は法律上の推定を伴う重要な証拠の1つになると評価することができよう。

3. 開示

法定会議体での決定については、それに関与した者のみならず、利害関係者の権利行使や、当該決定に関与した者の責任を追及する際の資料とするために、法定議事録の確認等が必要となる場合がある。そこで、法定議事録を会社に備え置き、一定の者に対して閲覧・謄写をさせるという一種の開示制度が設けられている（会社法318条4項、371条2項等）。

4. 登記手続

(1) 商業登記

商業登記は、会社等の信用の維持を図り、かつ、取引の安全と円滑に資することを目的として、会社等に関する一定の重要事項を公示する制度である（商業登記法1条）。商業登記申請では、登記すべき事項が適正な手続を経て実体法上の効果が生じているか否かについて、登記官の、いわゆる書面審査を受けることになるが、議事録はその典型的な資料となる。

具体的には、登記すべき事項につき株主総会の決議を要する場合、株主総会議事録を登記申請に添付しなければならないものとされている（商業登記法46条2項）。なお、添付した議事録の記載内容が不備等で法令に適合してい

ないものであった場合には、当該登記申請は受理されない（商業登記法24条8号）。

(2) 不動産登記

　不動産登記は、国民の権利の保全を図り、取引の安全と円滑に資することを目的として不動産の表示および権利の内容を公示する制度である（不動産登記法1条）。不動産登記申請のうち、いわゆる権利の登記については、商業登記申請と同様に、登記官の書面審査を受けることになる。

　不動産登記において登記原因行為に関し第三者の承諾等が必要な場合には、その承諾等を証する書面を添付することが求められ（不動産登記令7条1項5号ハ）、議事録はこの書面の1つになるケースがある。具体的には、登記原因行為が株式会社と取締役との利益相反取引に該当する場合に、取締役会が当該取引の承認（会社法356条・365条）をした取締役会議事録がこれに当たる。

II　議事録の分類

1.　法定

　法定議事録は、「表1-1　会社法における各種議事録」（4頁）のとおりである。なお、このうち一部の議事録については、出席者に署名義務が課されている。

表1-1　会社法における各種議事録

議事録	署名義務者	会社法
創立総会議事録	－	81条1項
株主総会議事録		318条1項
種類株主総会議事録	－	325条（318条1項準用）
取締役会議事録	出席取締役・監査役	369条3項
監査役会議事録	出席監査役	393条2項
監査等委員会議事録	出席監査等委員	399条の10第3項
指名委員会議事録	出席指名委員	412条3項
報酬委員会議事録	出席報酬委員	412条3項
監査委員会議事録	出席監査委員	412条3項
清算人会議事録	出席清算人・監査役	490条5項（369条3項準用）
債権者集会議事録	－	561条
社債権者集会議事録	－	731条1項

2. 内規

　株式会社は、その規模が大きくなり関係者が増えてくると、1つの会議体ですべての意思決定等をすることが困難になる。そのような場合には、階層・分野・職能別にさまざまな会議体が組成される。具体的には、経営会議・事業部会議・営業会議などが挙げられる。これらは、法定会議体ではないため、議事録の作成等についての法的義務はないが、法定議事録と同様、関係者間の情報共有を図り、意思決定等の過程と結果を明らかにするために、社内の内部ルールに基づき議事録を作成し、保存するのが一般的である。

III 議事録作成の形式的ルール

　法定議事録について、その記載事項は法令に規定されているが（会社法施行規則72条3項・4項等）、作成の形式に関しては記録媒体の規定があるのみである。ただし、議事録の作成にあたっては、慣習をはじめとした一定の形式に関するルールが存在する。

Ⅲ 議事録作成の形式的ルール

1. 記録媒体

　法定議事録は、書面または電磁的記録で作成しなければならないとされている（会社法施行規則16条2項、72条2項、101条2項等）。

　書面とは議事録を紙で作成するものであるが、用紙については、備置きという観点から一定の期間保存に耐え得る上質紙を用いるべきである。ただし、現在、通常に使用されている、いわゆるコピー用紙であれば問題はない。用紙の大きさは議事録作成者の裁量に委ねられるが、行政文書のA4判化に伴い[1]、A4判の用紙を使用するのが一般的である。

　電磁的記録とは磁気ディスク等で調製するファイルに情報を記録したものをいう（会社法26条2項、会社法施行規則224条）。具体的には、ハードディスク等の磁気ディスクや、CD等の光ディスクに記録することができるファイルによって議事録を作成することになる。一般的には、いわゆるワープロソフトにより作成した文書を容易に改変することができないファイル形式に変換して保存することが多い。なお、署名義務のある法定議事録を電磁的記録によって作成した場合、署名義務者は電子署名をしなければならない（会社法369条4項等、会社法施行規則225条）。

　現行の実務においては、書面（紙）で議事録が作成されていることが多いことから、以下では書面（紙）によって議事録を作成することを念頭に言及することとし、電磁的記録により作成する議事録（電子議事録）については「第6章　Q&A議事録の電子化」で別に取り上げることとする。

2. 記載の仕方

　議事録の記載の仕方について、特に法令による指定はない。縦書きでも、横書きでも、どちらでも差し支えないが、現行の実務においては、横書きが大部分を占めている。また、例えば「令和〇年〇月〇日（金）午後1時より、当社本

---

[1]　平4・11・30各省庁事務連絡会議申合せ「行政文書の用紙規格のA判化に係る実施方針について」

店会議室において、取締役全員出席の下、取締役会を開催した」といったように文章形式で記載する「文書型」、またはこれらを箇条書きで記載する「箇条書き型」、もしくは、それらを併用する「混合型」のいずれでも差し支えない。

3. 用字用語

　議事録における用字用語について、特に法令による制約はないが、いわゆる常用漢字[2]、現代仮名遣い[3]、送り仮名[4]に従うのが相当である。

　固有名詞や法令名称などの略称については、議事録中に正式名称とその略称を明示すれば問題ないが、特に固有名詞については、後日、会社の外部の者が閲覧等する場合があることを踏まえると、略称のみを用いるのは相当ではない。また、議事録は客観的な記録であることから、発言をそのまま引用する場合などを除き、人物等の名称を記載するときには、敬称を省略するのが妥当であろう。

　年号や時刻に関しては、和暦・西暦、いわゆる12時間制・24時間制のいずれを使用もしくは併用しても差し支えないが、議事録全体を通しての統一は図るべきである。

4. 署名等

　法定議事録の一部には、出席者に署名等を義務付けているものがあるが、署名義務がある議事録には「議事録に異議をとどめないものは、その決議に賛成したものと推定する」という旨の推定規定がある議事録に限られる。例えば、株主総会議事録については署名義務がなく、少なくとも法令上は誰の署名も要しないということになる。

　署名義務がある法定議事録には、署名等の義務を負う者が署名または記名

2　平22・11・30内閣告示2号
3　昭61・7・1内閣訓令1号
4　昭48・6・18内閣訓令2号

押印をしなければならない。署名とは自らの氏名を自署することをいい、記名押印とは、例えばワープロ等で氏名を記載し、加えて押印することをいう。つまり記名の場合の氏名については、プリントしてもゴム印を押しても、別人が記載しても差し支えない。なお、署名と記名押印の法的効果については、基本的に同じであるとされる（会社法26条1項等参照）。また、署名をする箇所に議事録の作成日を記載することが通例である。この日付は会議の開催日と同一である必要はない。

5. 押印

　署名義務がある法定議事録には、署名または記名押印しなければならないが、事務手続の合理化等の観点から記名押印を採用する会社が多い。なお、改ざんの防止や、訴訟における形式的証拠力（民事訴訟法228条4項）という観点から、押印義務のない議事録に関しても押印することが望ましい。

　押印すべき印鑑は、基本的に法令上の制約はなく、いわゆる実印でも認印でも差し支えない。ただし、商業登記申請に添付する代表取締役の選定に関する株主総会議事録や取締役会議事録には、原則として、いわゆる個人実印を押印しなければならない（商業登記規則61条6項）。

　定期的に開催される取締役会等の議事録への押印については、同一性を確認するという観点から、同一人は同一の印鑑を使用するのが望ましい。

6. 表紙

　議事録に表紙を付けるかどうかは、法令に規定があるわけではなく、議事録作成者の裁量に委ねられるが、最近の傾向としては、資源の削減や収納場所の観点から表紙を付けないことが多数を占めているようである。

　表紙を付ける場合、表紙部分に議事録名・当該会議の開催日・会社名が記載されているものが見受けられる。

第1章　議事録の基礎・基本

記載例1-1　株主総会議事録の表紙

第○回定時株主総会議事録

令和○年6月29日

株式会社ABC商事

7. とじ方

　書面で作成され、押印をした議事録が複数枚にわたるときには、いわゆる「袋とじ」によって製本化し、袋とじ部分に契印する方法が一般的である。袋とじをしない場合には、各頁間にいわゆる「契印」することになる。なお、契印については、当該議事録に押印した全員で行うのが原則である。

　契印は法令で義務付けられているわけではないが、用紙の一部脱落や無断差替えを防止する趣旨で、一般的な文書作成の慣例として行われているものである。

　従来、商業登記申請に添付する議事録が複数枚にわたる場合には契印が実務上必要とされてきたものの、現行では契印の有無は登記官の審査外となっている[5]。ただし、その趣旨を踏まえると契印を一律に廃止するという取扱いは早計であろう。

5　令3・1・29民商10号通達

図1-1 契印（袋とじ）

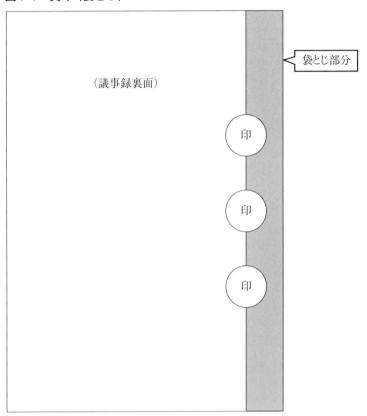

図1-2 契印（各頁）

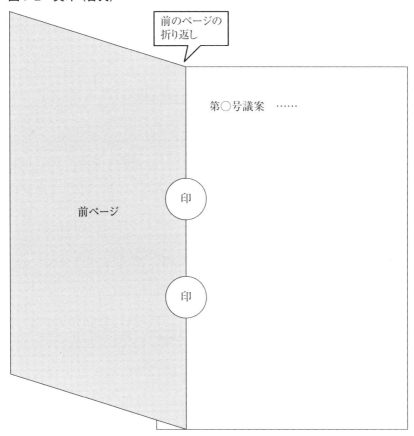

8. 修正

　議事録について、作成後にその内容を修正した場合には、議事録に押印をした者がいわゆる「訂正印」を押印するのが一般的である。具体的には、削除する字句を二重線で消し、加入する箇所に字句を加え、それらの二重線および加入箇所に重ねて、または近い位置に議事録に押印をした全員が記名押印をしたものと同じ印鑑で押印する。

　後日書き損じ等が発見された場合に備えて、議事録の空白部分にあらかじ

め記名押印をした者全員が押印しておくものを「捨印」という。これを使用して字句の訂正を行う場合には、訂正印の場合と同様の削除・加入を行い、捨印の横に削除字数・加入字数を記載する。

　訂正印は法令で義務付けられているわけではないが、無断での修正を防止する趣旨で、一般的な文書作成の慣例として行われているものである。

　従来、商業登記申請に添付する議事録を修正する場合には訂正印が実務上必要とされてきたが、現行では訂正印の有無は登記官の審査外とされたものの[6]、その趣旨を踏まえると訂正印を一律に廃止するという取扱いは早計であろう。

図1-3　訂正印

```
                第○期定時株主総会議事録

  1.日　　　時：令和○年6月30日（火曜日）　午前10時00分

  2.場　　　所：東京都新宿区西新宿○丁目△番□号　当会社本店会議室

  3.出　席　者：議決権を行使することができる株主数　　　　1,024名
               この議決権の数　　　　　　　　　　　　　37,800個

                       ～略～

     株式会社ABC商事　第○期定時株主総会

                   30
         令和○年6月31㊞日

     議事録の作成にかかる職務を行った取締役　　山田　一郎　　㊞
```

6　令3・1・29民商10号通達

図1-4　捨印

```
          第○期定時株主総会議事録          ㊞2字削除
                                          2字加入

  1.日　　　時：令和○年6月30日（火曜日）　午前10時00分

  2.場　　　所：東京都新宿区西新宿○丁目△番□号　当会社本店会議室

  3.出 席 者：議決権を行使することができる株主数          1,024名
             この議決権の数                            37,800個

                      〜略〜

    株式会社ABC商事　第○期定時株主総会

                    30
        令和○年6月31日

      議事録の作成にかかる職務を行った取締役　　山田　一郎　　㊞
```

Ⅳ　外国語による議事録

　法定議事録については、日本の法令である会社法により作成や備置きを義務付けていることから、日本語で作成しなければならないとされる。つまり、法定議事録等の会社法で規定されている書面を外国語で作成することは、許されないということである[7]。仮に日本語の訳文を別に作成したとしても、そのような議事録等を添付してなされた登記申請は受理されないが[8]、日本語で作成された議事録にその対訳として外国語を併記したものを登記申請に添付することは認められる。

7　中村均『株式会社の渉外事例』(商事法務研究会、1990) 73頁

8　取締役会議事録につき昭60・7・8民四3951号回答、株主総会議事録につき昭60・7・8民四3952号回答

Ⅴ 議事録の備置き

　法定議事録は、その原本または写しを本店または本店および支店に、一定の期間備え置かなければならないとされている（会社法318条・371条等）。

　「備置き」は、利害関係者に対する情報開示の一環であるだけでなく、第三者からの役員等への損害賠償請求（会社法429条）や株主代表訴訟（会社法847条〜）等による権利行使に必要な資料を提供するという機能もある。したがって、会社は、備え置かれた議事録について、法定された者から請求があったときには閲覧・謄写に応じる義務がある（会社法318条・371条等）。

　法定議事録については、開示のための備置期間のみが規定され、その前提となる保存期間について格別の規定は設けられていない。「保存」とは純粋に会社で保存するということであって、備置きとは別の概念である。ちなみに、計算書類については、保存期間と備置期間がそれぞれ規定されている（会社法435条・442条参照）。

　備置期間のみが規定されている法定議事録については、少なくとも備置期間中は保存しなければならず、その後どの程度、保存すべきかは会社の任意ということになる。ただし、主要な議事録については、永久保存とまではいかなくても、相当の長期間保存するのが一般的である。

表1-2　議事録等の備置き等

書類	起算	保存期間	備置期間	会社法
創立総会議事録	創立総会の日	－	10年	81条2項
創立総会決議省略の提案書・同意書	決議があったものとみなされた日	－	10年	82条2項
株主総会の代理権限書類	株主総会の日	－	3か月	310条6項
株主総会の議決権行使書	株主総会の日	－	3か月	311条3項
株主総会議事録	株主総会の日	－	本店10年、支店5年（写し）	318条2項・3項

Ⅴ 議事録の備置き

書類	起算	保存期間	備置期間	会社法
株主総会決議省略の提案書・同意書	決議があったものとみなされた日	－	10年	319条2項
取締役会議事録	取締役会の日	－	10年	371条1項
取締役会決議省略の提案書・同意書	決議があったものとみなされた日	－	10年	371条1項
監査役会議事録	監査役会の日	－	10年	394条1項
監査等委員会議事録	監査等委員会の日	－	10年	399条の11第1項
指名委員会等設置会社の各委員会議事録	委員会の日		10年	413条1項
会計帳簿	会計帳簿閉鎖の時	10年	－	432条2項
事業に関する重要書類	会計帳簿閉鎖の時	10年	－	432条2項
計算書類・附属明細書	作成した時※	10年	本店5年、支店3年（写し）	435条4項、442条1項・2項
清算人会議事録	清算人会の日	－	10年	490条5項（371条1項準用）
清算株式会社の財産目録	作成した時	清算結了登記の時まで	－	492条4項
清算株式会社の貸借対照表	作成した時	清算結了登記の時まで	－	494条3項
清算株式会社の帳簿・重要資料	清算結了登記の時	10年	－	508条1項
社債権者集会議事録	社債権者集会の日	－	10年	731条2項

※備置きについては、起算日は原則として定時株主総会の2週間前である。

第1章　議事録の基礎・基本

記載例1-2　備置書類閲覧・謄写請求書

備置書類閲覧・謄写請求書

令和○年6月28日

株式会社ABC商事御中

（資格）　　株主

（住所）　　東京都千代田区麹町○丁目△番地

（氏名）　　　　中里　七郎　　㊞

（連絡先）　03 − 5XXX − XXXX

以下の書類につき、閲覧または謄写を請求します。

対象書類	株主総会議事録
請求内容 （どちらかに○）	閲　　覧　　／　　謄　　写
請求の理由	議事内容確認のため

Ⅵ　議事録に関する罰則

　法定議事録に記載すべき事項を記載せず、または虚偽の記載をしたとき、議事録を備え置かなかったときや議事録の閲覧・謄写の請求に応じなかったときには、代表取締役等は100万円以下の過料の対象になる（会社法976条4号・7号）。なお、違反の内容等によって過料の対象者は異なる。例えば、監査役会議事録を作成していないことについては、必ずしも代表取締役が過料の対象となるのではなく、定款や監査役会規程等に基づき議事録の作成を義務付けられている監査役がその対象となることも考えられる。また、これらに

Ⅵ 議事録に関する罰則

違反した場合、代表取締役等は、会社または第三者から任務懈怠責任（会社法423条1項、429条1項）を問われることも考えられる。

　事実と異なる虚偽の記載をした議事録を用いて不実の登記がなされた場合には、公正証書原本不実記載等罪に当たる（刑法157条1項）。

第2章
株主総会議事録

I 株主総会のポイント

　ここでは、株主総会について、その概要と株主総会議事録の作成の前提となる基本的な知識を整理する。

1. 意義等

(1) アウトライン

　株主総会とは、株式会社の所有者といえる株主が直接参加して議決権を行使することによって、会社の基本的な事項を決定するための会議体である。株主総会は、会社の規模の大小や株主の多寡等に関わらず、株式会社に必置の基本となる機関であるといえる。

(2) 権限の分配

　株主総会は株式会社の最高意思決定機関であるが、その権限は取締役会の設置の有無によって大きく異なる。すなわち、非取締役会設置会社では、基本的に所有と経営を担う機関が分離されていないため、会社の意思決定機能は引き続き株主に留保され、株主総会は会社のすべての事項について決定することができる万能機関と位置付けることができる（会社法295条1項）。一方、取締役会設置会社（会社法2条7号）では、会社の業務執行に関する意思決定機能が取締役会に大きく委譲されることになるため（会社法362条2項1号）、株主総会は会社法または定款で定めた会社運営および事業活動の根幹となる内容の決定と会社の経営を委任する役員等の選任が本質的な役割となる（会

社法295条2項)。

　以降では、取締役会設置会社における株主総会を念頭に言及することとする。

2.　報告事項と決議事項

　株主総会の目的事項には、報告事項と決議事項がある。

　株主総会への報告事項とは、株主総会で選任された役員等が株主に対して、自らの職務の遂行状況とその結果を報告するものである。報告は、株主が一定の事実等の内容を理解するのに必要十分な情報を提供するものであって、株主にその内容の賛否を問うものではない。報告事項には、主に取締役から行われるものと監査役から行われるものとがある。取締役が行うものとしては、事業報告（会社法438条3項）や計算書類の報告（会社法439条）があり、監査役が行うものとしては株主総会提出議案等の法令・定款違反に関する監査報告がある（会社法384条）。なお、監査役が行う監査報告は本来、法令・定款違反や著しく不当な事項があると認めるときに限り行うものであるが（会社法384条）、実務上、そのような事項がない場合であっても、「法令・定款違反はない」旨の報告が行われている。

　株主総会の決議事項とは、法令または定款で定められた株主総会で決定しなければならない事項―議題―であり、議題について株主総会に提出された議案を株主が有する議決権に基づき決定をするものである。株主総会で何を議題とするかは原則として取締役会の決定によるが（会社法298条1項2号）、一定の要件を満たす株主は、ある事項を株主総会の議題とすべき旨を取締役に請求することができる（会社法303条）。すなわち議題に関する提案内容を意味する議案は、取締役と株主の双方が提出することができるということになる（会社法304条）。例えば、議題とは「取締役の選任」というものであり、議案とは「○○氏を取締役に選任する」といったように、議題についての具体的な内容を指す。したがって、「取締役の選任」という1つの議題につい

て「山田一郎を取締役に選任する件」と「田中二郎を取締役に選任する件」と
いったように議案が複数となることもある。

3. 招集

　株主総会は、株式会社にとって最重要な会議体であり、多数の参加者が予
定されるため、招集の手続が厳格に法定されている。

(1) 基準日の設定

　株主総会において議決権を行使できるのは、原則として株主総会の開催時
点で株主名簿に記載または記録された株主である。しかしながら、上場会社
のように多数の株主が存在し、頻繁に売買等が行われ、株主の変動がある会
社においては、株主総会の開催時点で議決権を行使できる株主を把握するこ
とが困難であり、招集の対象とした株主と株主総会の開催時点での株主が異
なってしまうことがあり得ることから、特定の日を定め、その時点での株主
を株主総会において議決権を行使できる株主と定めておく必要がある。そこ
で、会社は、株主総会の開催日の最大3か月前の特定の日（以下「基準日」と
いう）に、株主名簿に記載または記録された株主を株主総会において議決権
を行使できる株主と定める基準日の制度（会社法124条）を利用するのが一
般的である。

　株主総会における議決権行使についての基準日を設定する場合には、取締
役会の決議によって基準日と、基準日における株主が当該株主総会で議決権
を行使できる旨を定め、当該基準日の2週間前までに定款で定める公告方法
（会社法939条）によって、それらの事項を公告しなければならない（会社法
362条2項1号、124条3項）。ただし、例えば「当社は、毎年3月31日の株主名
簿に記載された株主を当該事業年度にかかる定時株主総会において議決権を
行使できる株主とする」といったように、定款で基準日および基準日におけ
る株主が行使できる権利を定めている場合には、あらためて基準日を設定す
ることも、基準日公告を行うことも要しない（会社法124条3項ただし書）。

I 株主総会のポイント

記載例2-1　基準日公告

> **基準日設定につき通知公告**
>
> 当社は令和○年三月三十一日を基準日と定め、同日○○時現在の株主名簿上の株主をもって、令和○年六月二十五日開催予定の株主総会における議決権を行使できる株主と定めましたので公告します。
>
> 令和○年三月十五日
>
> 東京都新宿区西新宿○丁目△番□号
>
> 株式会社ABC商事
>
> 代表取締役　山田　一郎

(2) 招集の決定

　株主総会を開催しようとするときには、取締役会の決議によって次の事項を決定しなければならない（会社法298条1項・3項）。

　　i)　株主総会の日時・場所

　　ii)　株主総会の目的事項

　　iii)　欠席株主が書面により議決権を行使することができることとするときは、その旨（書面投票制度）

　　iv)　欠席株主が電磁的方法により議決権を行使することができることとするときは、その旨（電子投票制度）

　　v)　法務省令で規定する事項（会社法施行規則63条）

(3) 招集の通知等

① 書面による招集通知

　取締役会が株主総会の招集を決定した場合には、取締役は株主総会の2週

- 21 -

間前（非公開会社においては1週間前）までに当該決定事項を記載した招集通知を書面で株主に通知しなければならない（会社法299条1項・2項・4項、298条1項）。通知の対象となるのは、原則として当該通知を発する時点の株主であるが、株主総会の議決権行使に関する基準日を設定していれば当該基準日の株主ということになる。

株主全員の同意がある場合には、書面投票または電子投票制度を採用するときを除き、招集の手続を経ることなく株主総会を開催することができる（会社法300条）。

② 株主総会参考書類等の電子提供

株式会社は、以下の書類について、電子提供措置をとる旨を定款で定めることができる（会社法325条の2。2022（令和4）年9月1日施行）。なお、この定めを設けた場合には、その旨の登記をしなければならない（会社法911条3項12号の2、915条1項）。

  i）株主総会参考書類

  ii）議決権行使書面

  iii）計算書類・事業報告

  iv）連結計算書類

この定めを設けた会社では、取締役は株主総会の3週間前または招集通知の発送のいずれか早い日までに前記i）〜iv）の書類のすべてについて、電子提供をしなければならない（会社法325条の3）。この場合には、書面により送付する招集通知には、電子提供している情報を記載する必要はなく、いわゆる狭義の招集通知の記載事項に加え、電子提供措置をとっている旨とそのURLを記載すれば足りる（会社法325条の4）。

上場会社等の振替株式を発行する会社は、電子提供措置をとる旨を定款で定めなければならない（振替法159条の2第1項）。

4. 決議要件

　株主総会の決議要件については、いわゆる、以下の(1)普通決議、(2)特別決議、(3)特殊決議、(4)特別特殊決議の4つに分類することができる。また、厳密には決議要件とはいえないが、株主全員の同意を要する決定事項もある。ちなみに、会社法においては、普通決議や特別決議といった用語による規定の仕方はなされていないが、実務上は会社法施行前商法下でのそれらの用語を引き継ぎ、現在でも一般的に使われている。

(1) 普通決議

　「普通決議」とは、株主総会の原則的な決議方法であり、定足数として議決権を行使できる株主の議決権の過半数が出席し、出席した株主の有する議決権の過半数の賛成によって目的事項が可決されるものである（会社法309条1項）。

　普通決議の定足数については、定款に定めることで軽減ないし排除することができる（会社法309条1項）。ただし、役員の選任・解任議案については、定款での定足数を軽減する際の限度が3分の1までとされている（会社法341条／特則普通決議）。

(2) 特別決議

　「特別決議」とは、株主総会の特則的な決議方法であり、定足数として議決権を行使できる株主の議決権の過半数が出席し、出席した株主の有する議決権の3分の2以上の賛成によって目的事項が可決されるものである（会社法309条2項）。例えば、定款変更や組織再編といった会社にとって重要なものが特別決議の対象となる。

　特別決議の定足数については、定款に定めることで3分の1を限度に軽減することができ（会社法309条2項）、多くの上場会社では定足数を確保するために定足数を軽減する定めを設けている。また、可決するための要件については、定款に定めることで3分の2以上とすることや、一定数以上の株主の

賛成を必要とするなど厳格にすることは可能である。

(3) 特殊決議

　「特殊決議」とは、議決権を行使できる株主の半数以上であって、かつ当該株主の議決権の3分の2以上の賛成によって目的事項が可決されるものである（会社法309条3項）。なお、特殊決議には定足数は定められていない。

　特殊決議は、株主の有する株式に新たに譲渡制限の定めを設定する場合、もしくはこれに準じる場合にのみ必要とされるものである。株式は自由に譲渡できるのが原則である一方（会社法127条）、小規模で閉鎖的な会社では、株式の譲渡による第三者の経営への関与を望まないケースもある。そこで、株主の大多数がこの制限を望むのであれば、株式の全部または一部の内容として、株式の譲渡について会社の承認を得ることを定款に定めることができるとされている（会社法107条1項1号、108条1項4号）。

　特殊決議の決議要件については、定款に定めることで議決権の3分の2を超える割合とすることや、株主のいわゆる頭数要件で半数を超える割合とすることも可能である（会社法309条3項）。

(4) 特別特殊決議

　「特別特殊決議」とは、総株主の半数以上であって、総議決権の4分の3以上の賛成によって目的事項が可決されるものである（会社法309条4項）。なお、当該決議には定足数は定められていない。

　特別特殊決議は、非公開会社において定めることができる、ⅰ）剰余金の配当、ⅱ）残余財産の分配、ⅲ）株主総会の議決権についての株主ごとに異なる取扱いである。いわゆる属人的定め（会社法109条2項）を定款に定める場合にのみ必要とされるものである。基本的に、株主平等原則に反する定めは無効であるが、株主の異動があまり予定されていない非公開会社において、株主の大多数が属人的定めを設けることを望んでいる場合には、例えば「株主である甲野一郎の有する株式についての議決権の個数は、他の株主の有する株式の2倍とする」や、「毎事業年度における分配可能額の2分の1を限度と

して株主である乙野次郎に第1順位で剰余金の配当を行う」などというような定めをすることができるとされている。

　特別特殊決議の決議要件については、定款に定めることで議決権の4分の3を超える割合とすることや、いわゆる株主の頭数要件で半数を超える割合とすることも可能である（会社法309条4項）。

表2-1　株主総会の各決議要件

決議の種類	要件（原則）	備考
普通決議 （会社法309条1項）	議決権を行使できる株主の議決権の過半数を有する株主が出席し、出席した当該株主の議決権の過半数の賛成	定足数の軽減可（無制限）、排除、加重可（無制限） 可決要件の加重可（無制限）
特則普通決議 （会社法341条）		定足数の軽減可（1/3まで）、加重可（無制限） 可決要件の加重可（無制限）
特別決議 （会社法309条2項）	議決権を行使できる株主の議決権の過半数を有する株主が出席し、出席した当該株主の議決権の2/3以上の賛成	定足数の軽減可（1/3まで）、加重可（無制限） 可決要件の加重可（無制限）
特殊決議 （会社法309条3項）	議決権を行使できる株主の半数以上であって、当該株主の議決権の2/3以上の賛成	可決要件の加重可（無制限）
特別特殊決議 （会社法309条4項）	総株主の半数以上であって、総株主の議決権の3/4以上の賛成	可決要件の加重可（無制限）

第2章　株主総会議事録

表2-2　決議要件ごとの議案

決議の種類	決議事項	会社法	備考
普通決議（主なもの）	(1) 会計監査人の選任	329条	
	(2) 会計監査人の解任	339条	
	(3) 会計監査人の不再任	338条2項	
	(4) 役員の報酬等	361条・379条・387条	
	(5) 剰余金の配当	454条	金銭分配請求権を与えない現物配当を除く
	(6) 自己株式の取得	156条	特定の株主（160条1項）からの取得を除く
	(7) 定時株主総会における欠損の額を超えない資本金の額の減少の決議	447条	
	(8) 準備金の額の減少	448条	
	(9) 剰余金の額の減少	450条・451条	
	(10) その他剰余金の処分	452条	
	(11) 競業取引等の承認	356条1項	
特則普通決議	(1) 取締役・会計参与・監査役の選任	329条	
	(2) 取締役・会計参与の解任	339条	累積投票により選任された者を除く
特別決議	(1) 譲渡等承認請求に係る譲渡制限株式の買取り	140条2項	
	(2) 指定買取人の指定	140条5項	
	(3) 特定の株主からの株主との合意による自己株式取得	156条1項、160条1項	
	(4) 全部取得条項付種類株式の取得	171条1項	
	(5) 相続人等に対する売渡しの請求	175条1項	
	(6) 株式の併合	180条2項	
	(7) 募集株式の募集事項の決定	199条2項	
	(8) 募集事項の決定の取締役会への委任	200条1項	

I 株主総会のポイント

決議の種類	決議事項	会社法	備考
特別決議	(9) 非公開会社において取締役・取締役会への委任がない場合における株主に株式の割当てを受ける権利を与える決定	202条3項4号	
	(10) 譲渡制限株式の割当て、譲渡制限株式の総数引受契約の承認	204条2項、205条2項	
	(11) 募集新株予約権の募集事項の決定	238条2項	
	(12) 募集事項の決定の取締役会への委任	239条1項	
	(13) 非公開会社において取締役・取締役会への委任がない場合における株主に新株予約権の割当てを受ける権利を与える決定	241条3項4号	
	(14) 譲渡制限株式を目的とする新株予約権・譲渡制限新株予約権の割当て、総数引受契約の締結	243条2項、244条3項	
	(15) 監査役・監査等委員である取締役・累積投票で選任された取締役の解任	339条1項	
	(16) 役員等の損害賠償責任等の一部免除	425条1項	
	(17) 資本金の額の減少	447条1項	定時株主総会で欠損の額を超えないものを除く
	(18) 金銭分配請求権を与えない現物配当の決定	454条4項	
	(19) 定款の変更、事業の全部・重要な一部の譲渡、事業の全部の譲受け・賃貸、事後設立、解散、会社継続	466条・467条1項、471条3号、473条	

第2章　株主総会議事録

決議の種類	決議事項	会社法	備考
特別決議	(20) 組織変更、合併、会社分割、株式交換、株式移転、株式交付	783条1項、795条1項、804条1項、816条の3第1項	
特殊決議	(1) 発行する全部の株式の内容として譲渡による当該株式の取得について当該株式会社の承認を要する旨の定款の定めを設ける定款の変更		
	(2) 消滅会社、株式交換をする会社が公開会社で対価が譲渡制限株式等である場合における当該会社の吸収合併契約・株式交換契約	783条1項	
	(3) 消滅会社・株式移転をする会社が公開会社で対価が譲渡制限株式等である場合における当該会社の新設合併、株式移転	804条1項	
特別特殊決議	非公開会社における株主ごとに異なる取扱いを行う旨の定款の定めについての定款の変更	109条2項	当該定款の定めを廃止するものを除く
株主全員の同意	(1) 発起人・役員等・業務執行者等の責任の免除	55条・120条5項、424条・462条3項ただし書、464条2項、465条2項	
	(2) 種類株式発行会社以外の会社が発行する全部の株式について取得条項(107条1項3号)を設定する定款の変更	110条	

決議の種類	決議事項	会社法	備考
株主全員の同意	(3) 株式の発行後に定款を変更して当該株式について特定の株主から取得する場合に他の株主が特定の株主に自己をも加えたものを株主総会の議案とすることの請求等に関する規定(160条2項・3項)を適用しない旨の定款の定めの設定・変更	164条2項	
	(4) 株主総会の招集手続(300条1項)・決議(319条1項)・株主総会への報告(320条)の省略		議決権を有する株主全員の同意
	(5) 組織変更	776条1項	
	(6) 種類株式を発行していない会社の対価の全部または一部が持分等とする合併、株式交換	783条2項、804条2項	

5. 定時株主総会・臨時株主総会

　株主総会には、定時株主総会と臨時株主総会とがある。

　定時株主総会とは、毎事業年度の終了後、一定の時期に招集される株主総会である(会社法296条1項)。定時株主総会においては、事業報告を行い、計算書類の承認をしなければならない(会社法438条)。また、役員等の任期の終結時点となる(会社法332条1項等)。

　定時株主総会は、毎年一定の時期に開催されることから、定時株主総会において議決権を行使することができる株主を確定するために、定款で当該基準日(会社法124条)の定めを置いているのが一般的である。なお、新型コロナウイルス感染症の拡大に関連して、定款に定時株主総会の開催時期に関する定めがある場合であっても、通常、天災その他の事由によりその時期に定時株主総会を開催することができない状況が生じたときには、その状況が解

消された後、合理的な期間内に定時株主総会を開催すれば足りるものとされている[9]。

臨時株主総会とは、定時株主総会以外の株主総会をいう。

6. 決議・報告の省略

株主総会は会議体として実際に開催（以下「実開催」という）するのが原則であるが、実開催するには厳格かつ煩雑な手続や準備の必要があり、会社にとって経済的・物理的な負担が小さくない。そのため、実開催することなく株主総会の決議や株主総会への報告があったものとみなすことができる制度が設けられており、これを株主総会の決議の省略（会社法319条。以下「決議の省略」という）、株主総会への報告の省略（会社法320条。以下「報告の省略」という）という。これらは、それぞれ「書面決議」「みなし決議」や「書面報告」「みなし報告」と呼ばれることもある。

決議の省略や報告の省略は、実務上100％子会社など実開催する意義が乏しいような場合に用いられることが多い。なお、この場合であっても株主総会議事録の作成は必要である（会社法318条1項、会社法施行規則72条4項）。

(1) 決議の省略

株主または取締役が、株主総会で決議すべき事項を全株主（議決権を行使できる者に限る。以下同じ）に提案し、全株主から書面または電磁的記録によって同意の意思表示があったときには、当該提案について可決する旨の株主総会の決議があったものとみなされる（会社法319条1項）。

提案の方法に特段の制約はないため口頭でも可能であるが、株主からの同意の意思表示は書面または電磁的記録によって行われる必要がある。なお、電磁的記録による同意の場合、電子署名は要さず、実務上はメールの利用が想定される。

---

9 法務省「定時株主総会の開催について」（2021年1月29日更新）
https://www.moj.go.jp/MINJI/minji07_00021.html

決議の省略の提案を取締役が行う場合には、その前提として取締役会の決議を要するという見解[10]と省略できるという見解[11]がある。

(2) 報告の省略

取締役が、株主総会で報告すべき事項を全株主に通知し、全株主から株主総会で報告することを要しないことへの書面または電磁的記録による同意の意思表示があったときには、当該報告事項について株主総会で報告があったものとみなされる（会社法320条）。なお、電磁的記録による同意の場合、電子署名は要さず、実務上はメールの利用が想定される。

通知の方法に特段の制約はないため口頭でも可能であるが、株主からの同意の意思表示は、決議の省略の場合と同様に、書面または電磁的記録によってなされる必要がある。なお、監査役からの報告（会社法340条3項、384条）については、報告の省略を用いることはできない。

定時株主総会における事業報告についても報告の省略を利用することが可能であり、報告の省略と決議の省略を組み合わせることによって、実開催することなく定時株主総会を行うこともできる。

7. 種類株主総会

種類株主総会とは、種類株式発行会社（会社法2条13号）において必要とされる、種類株主を構成員とする株主総会である（会社法2条14号）。

種類株主総会については、通常の株主総会に関する規定がほぼ全面的に準用されており（会社法325条）、招集手続や決議要件等についても通常の株主総会と同様である（会社法324条）。ただし、通常の株主総会は、取締役会設置の有無によってその権限が異なるのに対して、種類株主総会は、機関設計に関わらず、法令や定款で定められた事項に限り、決議することができる（会社法321条）。

10　江頭・株式374頁

11　相澤ほか・論点解説487頁

種類株主総会は、会社の特定の行為がある種類の株主に損害を及ぼすおそれがあるとき（会社法322条）と、種類株式の内容として種類株主総会の決議を要する旨の定めがあるとき（会社法323条）に必要とされる。種類株式の内容として種類株主総会の決議を要する旨の定めとは、例えば、いわゆる拒否権付種類株式（会社法108条1項4号）を発行した場合に当該拒否権に関する事項を決定しようとするときや、いわゆる役員選任権付株式（会社法108条1項9号）を発行している場合に役員を選任しようとするときが該当する（会社法347条）。

種類株主総会と通常の株主総会の両方の決議が必要となる場合で、仮に両者の構成員である株主が同一であったとしても、法的には種類株主総会と通常の株主総会とは別の機関と位置付けられることから、少なくとも形式上は各別に手続を行い、議事録についても各別に作成するのが実務的には無難である。

8. 延会・継続会（続会）

延会とは、株主総会の議事に入る前に、株主総会の普通決議によって当該総会の開催日を延期することをいう（会社法317条）。「株主総会の決議」によって延期とすることから、そもそも当該総会の定足数に不足があり、株主総会の普通決議が成立しない場合には、延会とすることはできない。

継続会（続会）とは、株主総会の議事に入った後に、株主総会の普通決議によって目的事項が終了しない等の理由によって後日に続きを行うことをいう（会社法317条）。この場合には、当初開催された株主総会と、継続会として開催された株主総会は、法律上1つの株主総会と評価されることになる。

9. バーチャル総会

株主の全部または一部が、インターネット等を通じてオンラインで株主総会に出席し、または株主総会の様子をオンラインで視聴するなどの、いわゆ

るバーチャル総会を行うことができる。

(1) バーチャルオンリー型

いわゆる「バーチャルオンリー型」とは、株主総会の「場所」を定めずに、すべての株主がオンラインで株主総会に出席をするという方法である。

会社法では、本来、株主総会を開催する場合には物理的な場所を定めなければならないことから（会社法298条1項1号）、バーチャルオンリー型の株主総会を開催することはできない。ただし、上場会社であって経済産業大臣および法務大臣の確認を受けた場合には、株主総会を場所の定めのない株主総会とすることができる旨を定款で定めることができ、この定めのある会社ではバーチャルオンリー型の株主総会を開催することができる（産業競争力強化法66条）。

バーチャルオンリー型の場合には、オンラインにより、株主が本人であることを確認し、出席役員・株主相互の間で双方向性と即時性が確保され、適時に質疑や動議ならびに議決権の行使をすることが可能なシステムが必要である[12]。ただし、双方向性と即時性については、テキストメッセージによる質問や動議ができることや、音声のみによる配信でもそれらを満たす場合があるとされるなど要求される水準はさほど高くないといえる[13]。

(2) ハイブリッド出席型

いわゆる「ハイブリッド出席型」とは株主総会の「場所」を定め、そこで現実に総会が開催されるなか、当該場所にいない株主もオンラインで株主総会に出席をするという方法である。

ハイブリッド出席型の場合、オンラインで視聴している株主が法律上、出席したものと扱われることから、バーチャルオンリー型と同様に、株主が本

12　「ハイブリッド型バーチャル株主総会の実施ガイド」（2020年2月26日経済産業省）
　　https://www.meti.go.jp/press/2019/02/20200226001/20200226001-2.pdf
13　「産業競争力強化法に基づく場所の定めのない株主総会に関するQ&A」（令和3年6月16日経済産業省・法務省）Q6-2、Q6-3
　　https://www.meti.go.jp/policy/economy/keiei_innovation/keizaihousei/virtual-only-shareholders-meeting_qa.pdf

人であることを確認し、開催場所と開催場所に存しない株主等との間で双方向性と即時性が確保され、適時に質疑や動議ならびに議決権の行使をすることが可能なシステムが必要である。

(3) ハイブリッド参加型

いわゆる「ハイブリッド参加型」とは、株主総会の「場所」を定め、そこで現実に総会が開催されるものの、当該場所にいない株主がオンラインで株主総会を視聴することができるという方法である。この場合には、当該場所にいない株主は法律上出席したことにはならない点がハイブリッド出席型との違いである。

ハイブリッド参加型には法律上の要件がないため、さまざまな方法が考えられるが、多くは、株主等が株主総会の様子をインターネットによるストリーミング配信等を通じて視聴するというもので、質問等を行うことはできないのが一般的である。

Ⅱ 株主総会議事録のポイント

ここでは、株主総会議事録の作成等のポイントを解説した上で、各種議事録のフォームを掲載する。

1. 作成者

株主総会議事録を作成するのは、取締役である（会社法施行規則72条3項6号）。複数いる取締役のうち、どの取締役が作成するかは会社の任意であり、取締役会の決議等で定めることも要しない[14]。株主総会議事録の作成は取締役の職務であり、業務執行ではないため、社外取締役が作成しても差し支えない。ただし、実務上は代表取締役社長もしくは総務（株式）担当取締役が務

14　相澤ほか・論点解説495頁

めているケースがほとんどである。

　取締役の改選があった場合の議事録作成者については、当該株主総会開催中に取締役であった者とする考え方と、株主総会議事録作成時点で取締役である者とする考え方があるが[15]、登記実務上はどちらも許容されている[16]。

2. 作成時期

　株主総会議事録の作成時期について、法令の規定はないが、商業登記申請に株主総会議事録を添付する場合があり、当該登記申請は原則として登記事項に変更が生じたときから2週間以内にしなければならないことから（会社法915条1項）、この場合は当然、当該期間内に株主総会議事録を作成する必要がある。

　登記期間による制約がない場合でも、株主総会の日から10年間、株主総会議事録を本店に備え置かなければならないことから（会社法318条2項）、速やかに作成すべきである。ちなみに、60％以上の会社で総会から3日以内に議事録が作成されているというデータもある[17]。

3. 実開催における記載事項

　株主総会を実開催した場合の株主総会議事録の記載事項は、次のとおりである。

(1) 標題

　株主総会議事録の標題については、法定の記載事項ではないが、後日の検索性向上のために「株主総会議事録」と冠記した上で、定時と臨時の別を明らかにするのが一般的である。また、定時株主総会については「第○回」や「第

15　松井・商業登記150頁

16　東京司法書士協同組合編・金子登志雄著『事例で学ぶ会社法実務［全訂版］』180頁（中央経済社、2018）

17　『株主総会白書2021年版』商事法務2280号153頁

○期」と記載している例も見られる。

(2) 日時

　株主総会が開催された日時を記載しなければならない（会社法施行規則72条3項1号）。なお、年次については西暦・和暦のどちらで記載しても差し支えず、例えば「令和4（2022）年」といったように両者を併記する例も見られる。時刻については、午前・午後を表記する、いわゆる12時間制でも、例えば「15時」のような、いわゆる24時間制での記載でも差し支えない。

　株主総会が何らかの理由によって延会となった場合には、延会として開催された株主総会の日時を記載することになる。また、継続会となった場合には、いわゆる当初会と継続会それぞれの議事録を別に作成してもよいし[18]、当初会と継続会を合わせて1通の議事録とすることもできる。なお、1通の議事録による場合には、当初開催された日時と継続会の日時の双方を記載することになる。

(3) 場所

　株主総会が開催された場所を記載しなければならない（会社法施行規則72条3項1号）。

　株主総会が何らかの理由によって延会となった場合で、当初の会場と延会の会場が異なる場合には、延会として開催された株主総会の場所を記載することになる。また、継続会となった場合には、当初開催された場所と継続会の場所の双方を記載することになる。

　バーチャルオンリー型やハイブリッド型の株主総会においてオンラインで遠隔地から出席した株主や役員等については、その出席の方法を記載することになる（会社法施行規則72条3項1号かっこ書）。

(4) 出席役員等

　株主総会に出席した役員等の氏名・名称を記載しなければならない（会社

---

[18] 法務省「商業・法人登記事務に関するQ&A」（令和2年5月28日更新）Q2-2
https://www.moj.go.jp/hisho/kouhou/hisho06_00076.html

法施行規則72条3項4号）。なお、オンラインによって出席した役員等も「出席役員」に含まれる。

役員等の改選があった場合には、当該株主総会開催中に役員等であった者が出席役員等に該当すると解されており[19]、それらの者を記載することになる。

(5) 議長

株主総会に議長がいる場合には、その氏名を記載しなければならない（会社法施行規則72条3項5号）。

株主総会の議長は、法令上必ずしも求められるものではないが、株主総会の秩序を維持し、議事を整理する役割を担い、その命令に従わない者等を退場させることができるという重要な役割を担う（会社法315条）。

議長は、株主総会ごとに実際に出席した参加者の議決権の過半数によって選任されるのが原則ではあるものの、定款で社長等の一定の取締役が務めるものと定められているのが一般的である。なお、議長の資格に制限はないため、取締役や株主である必要はない。

(6) 議事の経過の要領・結果

株主総会の議事の経過の要領およびその結果を記載しなければならず（会社法施行規則72条3項2号）、一般的な記載事項は次のとおりである。なお、議事の経過の要領については、株主総会における議長・役員等・株主の発言を一言一句記載する必要はなく、あくまで、要約した内容を記載すれば足りる。どの程度の要約をし、または省略をした記載とするかは恣意的でない限り、議事録の作成者の裁量に委ねられる。

（a）開会

開会については、議長の就任、議長が開会を宣言した旨と開始時刻の記載がなされるのが一般的である。

（b）議決権数

株主総会の決議事項については、承認された内容とともに法定の決議要

19　松井・商業登記149頁

件を満たした決議がなされたことを株主総会議事録に記載する必要がある。その意味でも、定足数を満たしていたことを明らかにするため、株主総会議事録には出席議決権数等を記載するのが一般的である。具体的には総株主と、出席株主については人数ベースで、総議決権と出席議決権については議決権の個数ベースで記載することになる。なお、それらについて、任意に株主総会の冒頭で議長や事務局から報告されることがあるが、当該報告を援用するかたちで記載する例も見られる。

　出席株主数と議決権数については、実際の株主総会当日の出席者のほか委任状提出者（会社法310条）、議決権行使書提出者（会社法311条）や電磁的方法による議決権行使者（会社法312条）など、区分ごとに分類して記載する例も見られる。ちなみに、無議決権株式（会社法108条1項3号）、自己株式（会社法308条2項）、相互保有株式（会社法308条1項かっこ書）や単元未満株式（会社法189条1項）は議決権を有しないことから、必ずしも発行済株式の総数と議決権の総数は一致しない。

記載例2-2　出席議決権等（簡易）

議決権を有する総株主数	2,200名
この議決権の総数	99万9,840個
本日出席株主数（委任状および議決権行使書提出者を含む。）	1,300名
この議決権の数	66万6,600個

記載例2-3　出席議決権等（詳細）

発行済株式の総数	100万株
議決権を有する総株主数	2,200名
この議決権の総数	99万9,840個
本日出席株主数（委任状提出者を含む。）	52名
この議決権の数	11万2,500個
書面または電磁的方法により議決権を行使した株主数	1,248名
この議決権の個数	55万4,100個

Ⅱ 株主総会議事録のポイント

(c) 資料等参照

議事録に記載すべき事項に他の資料を参照するものがあるときには、「別紙○○のとおり…」等と記載することになる。

(d) 上程・審議の方式

議案が複数ある場合の審議には、いわゆる個別審議（上程）方式と一括審議（上程）方式がある。

個別審議（上程）方式とは、議案を1つずつ上程・審議し、採決するものであり、一括審議（上程）方式とは、すべての議案をまとめて上程・審議するものである。いずれの方式であっても、議案ごとの採否を明らかにするため、採決は個別に行う必要がある。

どちらの方式を採用したかを株主総会議事録に記載する必要はないが、その旨を記載する例も見られる。

記載例2-4　個別審議（上程）方式

　　　　　　　　　　　第○号議案　　○○の件

　議長は、　〜略〜　としたい旨を述べたところ、以下の質問があり、回答がなされた。
株主　甲野太郎氏
　本件については、　〜略〜　であるのか。
取締役　山田一郎
　質問の件については、　〜略〜　である。
　次いで、議長がこの可否を諮ったところ、出席株主の議決権の過半数の賛成により承認可決された。

記載例2-5　一括審議（上程）方式

　議長は、議案の審議については、一括して上程し、質疑応答を行った後に採決を行いたい旨を述べた。

　　　　　　　　　　　第1号議案　　○○の件

第2章　株主総会議事録

〜略〜
第2号議案　　○○の件
〜略〜
第3号議案　　○○の件
〜略〜

　議長が質問を受け付けたところ、以下の質問があり、それぞれ回答がなされた。
株主　甲野太郎氏
　第1号議案については、　〜略〜　であるのか。
取締役　山田一郎
　質問の件については、　〜略〜　である。
〜略〜

　続いて議長が第1号議案から第3号議案について、議案ごとにその可否を議場に諮ったところ、第1号議案および第2号議案については出席株主の議決権の過半数の賛成により、第3号議案については出席株主の議決権の3分の2以上の賛成によりそれぞれ承認可決された。

(e) 質疑対応

　審議の中で行われた質疑応答については、「議事の経過の要領」に該当しないものであれば議事録作成者の裁量で省略しても差し支えない。ただし、株主総会議事録は、株主がいつでも閲覧できるものであり（会社法318条4項）、秘匿性の高い情報がやりとりされることは少ないといえることから、原則としてすべての質疑対応について記載することが望ましいといえる。

(f) 発言の概要

　主要な意見等の発言があった場合には、その概要を記載することになる。なお、「議事の経過の要領」の記載については、ある程度、議事録作成者の裁量で要約等をすることができるが、次の場合にはその内容を記載しなければならない（会社法施行規則72条3項3号）。

- 40 -

i) 監査役・会計監査人がその選任・解任・辞任について意見を述べた場合

ii) 辞任した監査役・会計監査人が自己の辞任の理由を述べた場合

iii) 監査役が自己の報酬等について意見を述べた場合

iv) 監査役が株主総会へ取締役が提出しようとする議案や書類等について、法令・定款に違反しまたは著しく不当な事項があると認め、その調査した結果の報告をした場合

v) 計算書類が法令・定款に適合するかについて、監査役と会計監査人との意見が異なるとして会計監査人が意見を述べた場合

vi) 定時株主総会への会計監査人出席を求める決議により会計監査人が定時株主総会に出席して意見を述べた場合

(g) 株主提案

　株主総会の議題について株主提案があった場合（会社法303条）、議事録に「株主からの提案である」等の記載をすることは会社法上求められていないが、その旨を記載するのが一般的である。なお、株主が議題における議案の提案を行った場合についても同様である。

　株主提案に関する議案が総株主の議決権の10分の1以上の賛成を得られなかった場合には、その後3年間は実質的に同一の議案を取り上げないとすることができる（会社法304条ただし書）。そこで、株主提案の議案や修正動議について採決した株主総会の議事録には、議決権の10分の1以上の賛成を得られなかった旨を記載すべきである。

　株主提案に関連し、令和元年会社法改正において、株主提案議案に関する議案要領通知請求権の上限を10議案とすることとされた（会社法305条4項）。

第2章　株主総会議事録

記載例2-6　株主提案議案

第○号議案　　○○の件

　議長は、株主提案である本件について、以下のとおり○○をする内容
である旨を述べ、次いで提案株主である甲野太郎氏がその詳細な説明を
行った。議長がこの可否を諮ったところ、出席株主の議決権の90％を超
える反対により否決された。

(h) 採決

　各議案について賛成した株主の議決権数を具体的に記載することまでは
要しないが、決議要件を満たしたことは明らかにすべきである。すなわち、
議案ごとにその決議要件を満たしていること、例えば「出席議決権の過半
数の賛成を得て」等と記載すべきであり、これが明らかでない場合には、当
該株主総会議事録を添付してなされた登記申請は受理されない。

　上場会社等の場合、株主総会で決議された事項について、その内容と議
決権行使状況を臨時報告書によって開示しなければならない（金融商品取
引法24条の5第4項、開示府令19条2項9号の2）。この臨時報告書では議案
ごとの賛成、反対、棄権の具体的な数を記載することになるが、株主総会の
出席者が多数であり、会場での賛否集計が困難であることから、書面等に
よる議決権行使のみを集計して開示することが許容されており（開示府令
19条2項9号の2ニ）、多くの会社ではこの方法で開示をしている。

(i) 閉会

　閉会については、議長が閉会を宣言した旨と閉会時刻の記載がなされる
のが一般的である。

(7) 議事録作成者

　議事録の作成にかかる職務を行った取締役の氏名を記載しなければならな
い（会社法施行規則72条3項6号）。

(8) 署名等

　会社法においては、出席取締役等が株主総会議事録に署名または記名押印（以下「署名等」という）をすることは義務付けられていない（会社法施行前商法244条3項参照）。ただし、定款に出席取締役等が株主総会議事録に署名等する旨の定めがある場合には、署名等をしなければならない。なお、法令上、署名等の義務はないものの、当該議事録の原本性を明らかにし、改ざんを防止するという観点や、訴訟における形式的証拠力の観点（民事訴訟法228条4項）から、少なくとも議事録作成者である取締役が署名等を行うのが望ましい。

第2章　株主総会議事録

記載例2-7　株主総会議事録：実開催

第○期定時株主総会議事録

1. 日　　　時：令和○年6月29日　午前10時00分
2. 場　　　所：東京都新宿区西早稲田○丁目△番□号　新宿ホテル会議室
3. 出席株主数および議決権数

　　発行済株式の総数　　　　　　　　　　　　　　　　100万株

　　議決権を有する総株主数　　　　　　　　　　　　　2,200名

　　　この議決権の総数　　　　　　　　　　　　99万9,840個

　　本日出席株主数（委任状および議決権行使書提出者を含む。）　52名

　　　この議決権の数　　　　　　　　　　　　　11万2,500個

　　書面または電磁的方法により議決権を行使した株主数　1,248名

　　　この議決権の数　　　　　　　　　　　　　55万4,100個

4. 議　　　長：代表取締役　山田　一郎
5. 出席役員：取締役　山田　一郎

　　　　　　　取締役　田中　二郎

　　　　　　　取締役　佐藤　三郎

　　　　　　　監査役　藤田　五郎

　　　　　　　監査役　石田　六郎

　　　　　　　監査役　木村　花子

6. 会議の目的事項ならびに議事の経過の要領および結果：

　　議長は、開会を宣し、上記のとおり定足数に足る株主の出席があった
　　ので、本総会は適法に成立した旨を述べた。

　　　　　　　報告事項

　　　　　　　　　　　　○○の件

　　　　　　　　　　　　～略～

　　　　　　　決議事項

　　　　　　　　　　　第1号議案○○の件

　　　　　　　　　　　　～略～

　　　　　　　　　　　第2号議案○○の件

　　　　　　　　　　　　～略～

7. 閉　　会：議長は午前11時30分閉会を宣言した。

　以上、議事の経過の要領およびその結果を明確にするため、本議事録を作成する。

　　　令和○年6月29日

　　　株式会社ABC商事　定時株主総会

　　　議事録の作成にかかる職務を行った取締役　山田　一郎　　㊞

記載例2-8　種類株主総会議事録：実開催

A種優先種類株式　株主総会議事録

1. 日　　時：令和○年6月29日　午前11時00分
2. 場　　所：東京都新宿区西新宿○丁目△番□号　当会社本店会議室
3. 出席株主数および議決権数

　発行済のA種優先株式の総数　　　　　　　　　　　　　10株

　　議決権を有する総株主数　　　　　　　　　　　　　　3名

　　　この議決権の総数　　　　　　　　　　　　　　　　10個

　　本日出席株主数（委任状提出者を含む。）　　　　　　2名

　　　この議決権の数　　　　　　　　　　　　　　　　　7個
4. 議　　長：代表取締役　山田　一郎
5. 出席役員：取締役　山田　一郎

　　　　　　　取締役　田中　二郎

　　　　　　　取締役　佐藤　三郎

　　　　　　　監査役　藤田　五郎

　　　　　　　監査役　石田　六郎

　　　　　　　監査役　木村　花子
6. 会議の目的事項ならびに議事の経過の要領および結果：

　議長は、開会を宣し、上記のとおり定足数に足る株主の出席があったので、本総会は適法に成立した旨を告げた。

　　決議事項

第2章　株主総会議事録

議　案　○○の件
～略～

7. 閉　　会：議長は午前11時30分閉会を宣言した。

　以上、議事の経過の要領およびその結果を明確にするため、本議事録を作成する。

　　　　令和○年6月29日

　　　　株式会社ABC商事　A種優先株主総会

　　　　議事録の作成にかかる職務を行った取締役　山田　一郎　㊞

4. バーチャル総会における記載事項

　株主の全部または一部が、インターネット等を通じてオンラインで株主総会に出席し、または株主総会の様子をオンラインで配信するなどの、いわゆるバーチャル総会を行った場合には、その類型ごとに、以下の事項を記載することになる。

(1) バーチャルオンリー型

　バーチャルオンリー型で開催した場合の議事録の記載事項については、通常の実開催に関する規定（会社法施行規則72条）ではなく、特則（産業競争力強化法に基づく場所の定めのない株主総会に関する省令5条）が適用される。

　バーチャルオンリー型の場合、格別に記載すべき事項は以下のとおりであるが、その他の記載事項については実開催の場合と同様である。

① 　株主総会を場所の定めのない株主総会とした旨

　　株主総会が開催された場所、当該場所に存しない役員等または株主の出席の方法は記載事項ではなく（産業競争力強化法に基づく場所の定めのな

- 46 -

い株主総会に関する省令5条3項1号）、「株主総会を場所の定めのない株主総会とした」旨を記載すれば足りる。

② 通信の方法

利用した通信の方法を記載することになるが、「インターネット」や「電話」のように定めれば足りるとされる[20]。

③ 通信障害・インターネット使用に支障のある株主への対応方針に基づく対応の概要

バーチャルオンリー型に関する定款の定めをする際に決定することが必要とされる通信障害対応の方針およびインターネット使用に支障のある株主への対応方針（産業競争力強化法66条1項、産業競争力強化法に基づく場所の定めのない株主総会に関する省令1条）に基づく具体的な対応についての概要を記載することになる。当該記載は、これらの対応が実際には行われなかった場合であっても必要とされる[21]。

通信障害対応の方針に基づく対応の例としては、「通信障害が生じた場合に関する具体的な対処マニュアルを作成した」という記載が考えられ、インターネット使用に支障のある株主への対応方針に基づく対応の例としては、「インターネット使用に支障のある株主は書面による議決権行使ができる旨を周知した」という記載が考えられる[22]。

20　「産業競争力強化法に基づく場所の定めのない株主総会に関するQ&A」（令和3年6月16日経済産業省・法務省）Q4-5
　　http://www.meti.go.jp/policy/economy/keiei_innovation/keizaihousei/virtual-only-shareholders-meeting_qa.pdf

21　「産業競争力強化法に基づく場所の定めのない株主総会に関するQ&A」（令和3年6月16日経済産業省・法務省）Q9-1
　　https://www.meti.go.jp/policy/economy/keiei_innovation/keizaihousei/virtual-only-shareholders-meeting_qa.pdf

22　経済産業大臣・法務大臣「産業競争力強化法第66条第1項に規定する経済産業大臣及び法務大臣の確認に係る審査基準」（令和3年6月16日）
　　https://www.meti.go.jp/policy/economy/keiei_innovation/keizaihousei/virtual-only-shareholders-meeting_review-standard.pdf

第2章　株主総会議事録

(2) ハイブリッド出席型

ハイブリッド出席型で開催した場合の議事録の記載事項については、実開催における通常の記載事項に加えて、「当該場所に存しない株主の出席の方法」を記載する（会社法施行規則72条3項1号）。

(3) ハイブリッド参加型

ハイブリッド参加型で開催した場合の議事録の記載事項については、実開催における通常の記載事項と同様である。株主は、法律上株主総会に出席していないことから、「当該場所に存しない株主の出席の方法」の記載をする必要はない。ただし、ハイブリッド参加型の株主総会を開催したことを明らかにするため、「本株主総会に出席しない株主に対して、オンラインにより総会のリアルタイム配信を行った」などと記載することも考えられる。

記載例2-9　株主総会議事録：バーチャルオンリー型

第○期定時株主総会議事録

1. 日　　時：令和○年6月29日（火曜日）　午前10時00分
2. 本総会は場所を定めない株主総会とした。
3. 通信の方法：インターネットを利用したオンライン会議システム（以下、「本システム」という。）
4. 通信障害・インターネット使用に支障のある株主への対応方針に基づく対応の概要
   通信障害への対応：通信障害が生じた場合に関する具体的な対処マニュアルを作成した。
   インターネット使用に支障のある株主への対応：招集通知において、インターネット使用に支障のある株主に対して、書面による議決権行使ができる旨を周知した。
5. 出席者：議決権を行使することができる株主数　　　　　1,024名
   　　　　　この議決権の数　　　　　　　　　　　　　37,800個
   　　　　　本日出席株主数（委任状・議決権行使書提出者、本システムによる出席者を含む。）　　　　　　　　　　　794名

この議決権の数　　　　　　　　　　32,345個

6. 議　　　長：代表取締役　山田一郎

7. 出席役員：取締役（3名中3名出席）

　　　　　　　　　山田一郎、佐藤三郎、藤田五郎

　　　　　　　監査役（3名中3名出席）

　　　　　　　　　中村花子、小林海子、加藤星子

8. 会議の目的事項ならびに議事の経過の要領および結果：

　　　議長は、午前10時00分に開会および本株主総会は本システムを用いて開催する旨を宣し、本システムを通じて適時的確な意思疎通ができる状態となっていることを確認した上で、以上のとおり本日の出席株主数およびこの有する議決権の数を報告し、本総会の全議案を審議できる法令ならびに定款上の定足数を充足している旨を述べた。

　　＜報告事項＞

　　　　　　　　　　　～　　略　　～

　　＜決議事項＞

　　　　　　　　　　　～　　略　　～

　　議長は、本システムが終始異状なく、本総会の目的事項のすべてを終了した旨を述べ、午前11時00分、閉会を宣した。

　　以上、議事の経過の要領およびその結果を明確にするため、本議事録を作成する。

　　株式会社ABC商事　第○期定時株主総会

　　　令和○年6月29日

　　議事録の作成にかかる職務を行った取締役　　山田　一郎　　㊞

第2章　株主総会議事録

記載例2-10　株主総会議事録：ハイブリッド出席型

第○期定時株主総会議事録

1. 日　　　時：令和○年6月29日（火曜日）　午前10時00分
2. 場　　　所：東京都新宿区西新宿○丁目△番□号　当会社本店会議室
　　　　　　　　開催場所に存しない株主は、当社所定のオンライン会議システム（以下、「本システム」という。）を通じて本総会に出席した。
3. 出　席　者：議決権を行使することができる株主数　　　　　　　1,024名
　　　　　　　　この議決権の数　　　　　　　　　　　　　　　　37,800個
　　　　　　　　本日出席株主数（委任状・議決権行使書提出者、本システムによる出席者を含む。）　　　　　　　　　　　　　　　794名
　　　　　　　　この議決権の数　　　　　　　　　　　　　　　　32,345個
4. 議　　　長：代表取締役　山田一郎
5. 出席役員：取締役（3名中3名出席）
　　　　　　　　　　山田一郎、佐藤三郎、藤田五郎（なお、藤田五郎は本システムを通じて本総会に出席した。）
　　　　　　　　監査役（3名中3名出席）
　　　　　　　　中村花子、小林海子、加藤星子
6. 会議の目的事項ならびに議事の経過の要領および結果：
　　　　議長は、午前10時00分に開会および本株主総会は本システムを用いて開催する旨を宣し、本システムを通じて適時的確な意思疎通ができる状態となっていることを確認した上で、以上のとおり本日の出席株主数およびこの有する議決権の数を報告し、本総会の全議案を審議できる法令ならびに定款上の定足数を充足している旨を述べた。

　　　＜報告事項＞
　　　　　　　　　　　　　～　　略　　～

　　　＜決議事項＞
　　　　　　　　　　　　　～　　略　　～

- 50 -

議長は、本システムが終始異状なく、本総会の目的事項のすべてを終了した旨を述べ、午前11時00分、閉会を宣した。

　　以上、議事の経過の要領およびその結果を明確にするため、本議事録を作成する。

　　株式会社ABC商事　第○期定時株主総会

　　　　令和○年6月29日

　　議事録の作成にかかる職務を行った取締役　　　山田　一郎　　㊞

5. 決議・報告の省略における記載事項

　決議の省略（会社法319条）や報告の省略（会社法320条）の場合であっても、株主総会議事録を作成しなければならず、その記載事項は次のとおりである。

(1) 標題
　実開催の場合と同様に、「株主総会議事録」と記載するのが一般的であるが、実開催でないことが一目で分かるよう「株主総会議事録（決議の省略）」や「株主総会議事録（報告の省略）」とする例も見られる。

(2) 株主
　株主数や、その議決権を記載することは、法令上求められていないが、それらを記載する例も見られる。

(3) みなし決議・報告の内容
　決議・報告があったものとみなされた事項については、その内容を記載しなければならない（会社法施行規則72条4項1号イ、2号イ）。

(4) 提案者等

　決議の省略の場合、株主総会で決議すべき事項を提案した株主の氏名または名称もしくは取締役の氏名を記載しなければならない（会社法施行規則72条4項1号ロ）。

　報告の省略の場合、法令による規定はないが、決議の省略の場合との整合性を勘案し、当該通知をした取締役の氏名を記載するのが相当である。

(5) みなし決議・報告日

　決議・報告があったものとみなされた日を記載しなければならない（会社法施行規則72条4項1号ハ、2号ロ）。

　決議の省略の場合、株主全員から提案への同意の意思表示があったときに当該提案事項についての株主総会決議があったものとみなされることから、全株主のうち最終の株主からの同意の意思表示が到達した日を記載することになる（会社法319条1項、民法97条1項）。

　報告の省略の場合、株主全員からの同意の意思表示があったときに当該報告事項についての株主総会への報告があったものとみなされることから、決議の省略の場合と同様に、全株主のうち最終の株主からの同意の意思表示が到達した日を記載することになる（会社法320条、民法97条1項）。

(6) 議事録作成者

　議事録の作成にかかる職務を行った取締役の氏名を記載しなければならない（会社法施行規則72条4項1号ニ、2号ハ）。なお、当該取締役は、提案を行った取締役である必要はない。

　署名等については、実開催の場合と同様の取扱いであるが、仮に、株主総会議事録に出席取締役の署名等をすることが定款で定められている場合であっても、決議・報告の省略においては、株主総会自体が開催されておらず「出席取締役」もいないことから、これらの者の署名等は不要ということになる。

Ⅱ 株主総会議事録のポイント

記載例2-11 株主総会決議の省略に関する提案書

令和○年6月19日

株主各位

東京都新宿区西新宿○丁目△番□号
株式会社ABC商事
取締役　山田　一郎

提　案　書

　私は、会社法第319条第1項の規定に基づき、株主総会決議事項に関して下記のとおり提案いたします。本提案に関して株主全員から同意をいただいた場合は、本提案を可決する旨の株主総会決議があったものとみなされることになります。

　つきましては、本提案事項をご検討いただき、添付の回答書に記入の上、令和○年6月29日までにご返送ください。

記

　提案事項

第1号提案　○○の件
～略～

記載例2-12 株主総会議事録：決議の省略

株主総会議事録
（決議の省略）

1. 議決権を行使することができる株主の総数　　　　　　　50名
　　議決権を行使することができる株主の議決権の数　　1,400個
2. 株主総会の決議があったものとみなされた事項の内容
第1号議案　○○の件
～略～
第2号議案　○○の件

第2章　株主総会議事録

〜略〜

3. 株主総会の決議があったものとみなされた事項の提案者
　　取締役　山田　一郎
4. 株主総会の決議があったものとみなされた日　　　令和○年6月29日

　令和○年6月19日付けで取締役　山田一郎が当会社の議決権を有する株主全員に対して上記提案について提案書を発し、当該提案につき、令和○年6月29日までに当該株主全員から書面により同意の意思表示を得たので、会社法第319条第1項に基づき、当該提案を可決する旨の株主総会の決議があったものとみなされた。

　上記のとおり、株主総会の決議の省略を行ったので、株主総会の決議があったものとみなされた事項を明確にするため、本議事録を作成する。

　令和○年6月29日

　株式会社ABC商事　株主総会

　議事録の作成にかかる職務を行った取締役　山田　一郎　　㊞

記載例2-13　株主総会の報告の省略に関する通知書

令和○年6月19日

株主各位

東京都新宿区西新宿○丁目△番□号
株式会社ABC商事
取締役　山田　一郎

通　知　書

　私は、会社法第320条の規定に基づき、株主総会への報告事項に関して下記のとおり通知いたします。この報告事項に関して株主全員から報告を省略することに同意をいただいた場合は、本通知をもって株主総会へ

- 54 -

Ⅱ 株主総会議事録のポイント

の報告があったものとみなされることになります。

　つきましては、本通知をご確認いただき、添付の回答書に記入の上、令和〇年6月29日までにご返送ください。

記

報告事項
〇〇報告の件
～略～

記載例2-14　株主総会議事録：報告の省略

株主総会議事録
（報告の省略）

1. 株主の総数　　　　　　　　　　　　　　　　　　　　50名
2. 株主総会への報告があったものとみなされた事項の内容
　　報告事項
〇〇報告の件
～略～
3. 株主総会への報告があったものとみなされた事項の通知者
　　取締役　山田　一郎
4. 株主総会への報告があったものとみなされた日　　　令和〇年6月29日

　令和〇年6月19日付けで取締役　山田一郎が当会社の株主全員に対して上記報告事項について通知書を発し、当該通知事項につき、令和〇年6月29日までに株主全員から書面により報告を省略することへの同意の意思表示を得たので、会社法第320条に基づき、当該報告事項は株主総会への報告があったものとみなされた。

　上記のとおり、株主総会の報告の省略を行ったので、株主総会への報告があったものとみなされた事項を明確にするため、本議事録を作成する。

- 55 -

第2章　株主総会議事録

令和○年6月29日

株式会社ABC商事　株主総会

　議事録の作成にかかる職務を行った取締役　山田　一郎　　㊞

記載例2-15　株主総会の報告の省略に関する通知書、決議省略に関する提案書・同意書

令和○年6月19日

株主各位

東京都新宿区西新宿○丁目△番□号
株式会社ABC商事
取締役　山田　一郎

提案書・通知書　兼　同意書

　私は、下記のとおり、会社法第320条に基づく株主総会への報告事項の通知と、会社法第319条第1項に基づく株主総会決議事項の提案をいたします。これらについて株主全員からご同意をいただいた場合には、株主総会への報告と本提案を可決する旨の株主総会の決議があったものとみなされることになります。つきましては、報告事項についての報告の省略および本提案についての回答を以下回答欄に記入の上、令和○年6月29日までにご返送ください。

記

　　＜報告事項＞
　　第○期事業報告の件
　　　　別紙のとおり、第○期事業報告をすること
　　＜提案事項＞
　　第1号提案　第○期計算書類承認の件
　　　　別紙のとおり、第○期計算書類を承認すること

- 56 -

II 株主総会議事録のポイント

～ 略 ～

株式会社ABC商事
取締役　山田　一郎　殿

　上記報告事項の株主総会への報告および提案の内容について、以下の
とおり回答します。

　＜報告事項＞
　第○期事業報告の件
　報告の省略に　　　　　☑同意します　　　　□同意しません

　＜提案事項＞
　第1号提案　第○期計算書類承認の件
　提案内容に　　　　　　☑同意します　　　　□同意しません

～ 略 ～

令和○年6月20日

　　　　　　　　　（住所）　東京都千代田区麹町○丁目△番地□
　　　　　　　　　（氏名）　株主　　中里　七郎　　㊞

記載例2-16　株主総会議事録：定時株主総会の報告・決議の省略

株主総会議事録（報告および決議の省略）

1. 株主総会への報告および決議があったものとみなされた日
　令和○年6月29日
2. 株主総会への報告があったものとみなされた事項の通知者
　および株主総会の決議があったものとみなされた事項の提案者
　取締役　山田　一郎

3. 議決権を行使することができる株主の総数 　　　　　1名
　　議決権を行使することができる株主の議決権の数 　　1,400個
4. 株主総会への報告および決議があったものとみなされた事項の内容

　　　＜報告事項＞
　　　　第○期事業報告の件
　　　　　別紙のとおり、第○期事業報告をする。

　　　＜決議事項＞
　　　　第○期計算書類承認の件
　　　　　別紙のとおり、第○期計算書類を承認する。

　　　　　　　　　　　　　　～　　略　　～

　　取締役が当会社の株主全員に対して上記報告事項に関する通知および決議事項に関する提案を発し、当該通知および提案につき、議決権を有する株主全員から書面により、株主総会での報告の省略および提案内容についての同意の意思表示を得たので、会社法第320条および第319条第1項に基づき、株主総会への報告と株主総会の決議があったものとみなされた。
　　以上、議事の経過の要領およびその結果を明確にするため、本議事録を作成する。

　　　　令和○年6月29日

　　株式会社ABC商事　株主総会
　　議事録の作成にかかる職務を行った取締役　　　山田　一郎　　㊞

6. 登記申請への添付

　　登記すべき事項につき株主総会の決議を要するときには、登記申請に株主総会議事録を添付しなければならない（商業登記法46条2項）。また、決議

の省略によった場合には、決議があったものとみなされた書面として、決議の省略に関する株主総会議事録を添付することになる[23]（商業登記法46条3項）。

登記申請に添付するのは株主総会議事録の原本ということになるが、当該議事録のコピーに申請人もしくは申請代理人が「原本に相違ない」旨を記載して原本と同時に提出した場合には、原本の還付を請求することができる（商業登記規則49条）。また、当該登記申請に関係しない部分については、マスキングやコピーの対象としないことも許容される[24]。

7. 備置き

株主総会議事録は、その原本を株主総会の日から10年間、会社の本店において備え置かなければならない（会社法318条2項）。また、その写しを株主総会の日から5年間、会社の支店において備え置かなければならないが（会社法318条3項）、当該議事録が電磁的記録をもって作成されている場合であって、支店において株主総会議事録の閲覧・謄写の請求に応じることができる措置が講じられているときには、支店での議事録の写し自体の備置きは要しない（会社法318条3項ただし書）。

会社の株主・債権者は、会社の営業時間内であればいつでも、株主総会議事録または株主総会議事録の電磁的記録の閲覧・謄写を請求することができる（会社法318条4項）。これらの請求があった場合には、株主名簿や会計帳簿と照合することによって請求者が株主・債権者であることの確認を行うことになるが、株券が電子化されている上場会社では株主権の行使に関し、株主名簿が会社に対する対抗要件とはならないことから（振替法154条1項）、原則として個別株主通知を行うことが必要となる（振替法154条1項・2項）。ただし、対抗要件である当該通知を求めるか否かは会社の任意である。

親会社の社員は、その権利を行使するため必要があるときには、裁判所の許可を得て、株主総会議事録の閲覧・謄写の請求をすることができる（会社

23　平18・3・31民商782号通達（42頁）

24　昭52・11・4民四5546号回答

法318条5項）。

Ⅲ　各議案等の記載例とポイント

　ここでは、株主総会議事録に記載すべき報告事項や議案についてのポイントを解説した上で、その記載例を掲載する。なお、特段の断りがない限り、取締役会設置会社・監査役（会）設置会社を念頭に置くものとする。また、登記を要する議案に関しては、登記手続のポイントに言及することとする。

Ⅲ-1　計算等関係

1.　事業報告等

(1) アウトライン

　会社は、事業年度ごとに事業報告を作成し、監査役等の監査を経て、取締役会の承認を受けなければならない（会社法435条2項、436条）。

　事業報告は、株主総会に提出し、その内容を報告しなければならないが（会社法438条1項・3項）、あくまで過去の事業活動の内容を報告するものであることから、株主総会の承認を受ける必要はない（会社法438条2項参照）。

(2) 事業報告の提供

　取締役会の承認を受けた事業報告は株主に提供することになるが（会社法437条）、原則として招集通知と同様の方法（書面または電磁的記録）によらなければならない（会社法施行規則133条2項）。ただし、一部の事項については、定款の定めに基づき、招集通知を発したときから定時株主総会後3か月を経過するまでの間、継続してWEB上に開示する措置をとることによって、適式な事業報告の提供があったものとみなされる（会社法施行規則133条3項）。なお、この場合には、取締役は当該WEBページのURLを株主に通知しな

ければならない（会社法施行規則133条4項）。また、事業報告の内容に修正が
あった場合に備えて修正後の事項を株主に周知させる方法として、修正後の
事項を掲載するWEBページのURL等を、株主総会の招集通知と併せて通知
することができる（会社法施行規則133条6項）。

(3) 事業報告の記載事項

　事業報告に記載しなければならない事項は、以下のとおりである（会社法
施行規則118条）。

ケース （会社法施行規則118条）	記載事項
必須	当該株式会社の状況に関する重要な事項
内部統制体制の整備に関する決議等があるとき（2号）	決議等の内容の概要
	体制の運用状況の概要
財務・事業の方針の決定を支配する者の在り方に関する基本方針を定めているとき（3号）	基本方針の内容の概要
	取組みの具体的な内容の概要 ・当該会社の財産の有効な活用、適切な企業集団の形成その他の基本方針の実現に資する特別な取組み ・基本方針に照らして不適切な者によって当該会社の財務・事業の方針の決定が支配されることを防止するための取組み
	取組みについての以下の要件への該当性に関する取締役会の判断とその理由 ・基本方針に沿うものであること ・株主の共同の利益を損なうものではないこと ・会社役員の地位の維持を目的とするものではないこと
特定完全子会社があるとき（4号）	特定完全子会社の名称・住所
	当該会社と完全子会社等における当該特定完全子会社の株式の帳簿価額の合計額
	当該会社の貸借対照表の資産の部に計上した額の合計額

第2章　株主総会議事録

ケース （会社法施行規則118条）	記載事項
関連当事者との取引が あるとき（5号）	当該取引をするにあたり当該会社の利益を害さないように 留意した事項
	当該取引が当該会社の利益を害さないかどうかについて の取締役会の判断と理由
	取締役会の判断が社外取締役の意見と異なる場合には、 その意見

　上記以外に、事業報告における特則として、以下のとおりの会社区分や機
関設計に応じた追加の記載事項が規定されている。

　i）　公開会社である場合：会社法施行規則119条〜124条

　ii）　会計参与設置会社である場合：会社法施行規則125条

　iii）　会計監査人設置会社である場合：会社法施行規則126条

(4) 監査報告

　監査役は、取締役が株主総会に提出しようとする議案および書類等を調査
し、法令・定款に違反し、または著しく不当な事項があると認めるときには、
その調査の結果を株主総会に報告しなければならない（会社法384条）。した
がって、そのような事項がない場合、法令上は報告をする必要がないという
ことになるが、実務上は該当しないことについての報告が行われるのが一般
的である。

　法令・定款に違反等する旨の監査報告がなされた場合には、株主総会議事
録への記載が必須となる（会社法施行規則72条3項3号ヌ）。

記載例2-17　事業報告

報告事項　第○期事業報告の件

　議長は、第○期（令和○年4月1日から令和○年3月31日まで）におけ
る事業状況を別紙の事業報告により詳細に報告した。

Ⅲ 各議案等の記載例とポイント

記載例2-18　監査役会の監査報告

　　議長が報告および議案の審議に先立ち、監査役に監査報告を求めたところ、常勤監査役の藤田五郎より、監査役全員が一致した意見であることが述べられた上で、当年度の監査の結果、取締役の職務の執行に関する不正の行為または法令もしくは定款に違反する重大な事実は認められなかった旨の報告がなされた。次に、事業報告、計算書類およびそれらの附属明細書は法令および定款に従い、当期における会社の状況を正しく示しており、かつ計算書類および附属明細書は、会計監査人から会社および企業集団の財産および損益の状況を含むすべての重要な点において適正に表示しているとの報告を受け、監査役会で協議の上、会計監査人の監査の方法および結果は相当であると認めた旨と、本総会に提出されている各議案および書類については、いずれも法令および定款に適合しており、指摘すべき事項はない旨が報告された。

2.　計算書類の承認・報告

(1) アウトライン

　計算書類とは、貸借対照表・損益計算書・株主資本等変動計算書・個別注記表をいう（会社法435条2項、会社計算規則59条1項）。

　会社は、毎事業年度の計算書類を作成し、監査を受けた後、取締役会で承認の上、株主総会に提出しなければならない（会社法435条2項、436条・438条1項）。

(2) 承認と報告

　計算書類は、株主総会の普通決議（会社法309条1項）による承認を受けなければならず、計算書類は当該承認によって確定するのが原則である（会社法438条2項）。ただし、会計監査人設置会社では、計算書類について、会計監査人の監査報告に、いわゆる無限定適正意見があり、かつ監査役（会）の監査においても不当等の意見がない場合には、株主総会の承認を受ける必要はなく（会社法439条）、この場合には、取締役会で計算書類の承認を受けた時点

- 63 -

で計算書類は確定し、株主総会では報告すれば足りる（会社法439条・436条3項）。

(3) 連結計算書類

　連結計算書類とは、会計監査人設置会社において当該会社とその子会社から成る企業集団の財産・損益等の状況を示すために作成される連結貸借対照表・連結損益計算書・連結株主資本等変動計算書・連結注記表をいう（会社法444条1項、会社計算規則61条1号）。なお、国際会計基準または米国会計基準に準拠して作成されたものも、一定の要件の下に会社法上の連結計算書類として認められている（会社計算規則61条2号・3号、120条1項、120条の3第1項）。

　連結計算書類は会計監査人設置会社のみが作成できるとされているが、大会社かつ有価証券報告書提出会社については作成が義務付けられている（会社法444条1項・3項）。

　作成された連結計算書類は、監査を受けた後、取締役会の承認の上、株主総会に提出し、取締役がその内容を報告しなければならない（会社法444条7項）。分配可能額に関する規制を主な目的とする会社法の計算においては、あくまで単独の計算書類が中心とされるため、株主総会の承認までは必要とされていない。したがって、連結計算書類については、仮に会計監査人の監査報告に無限定適正意見がない場合であっても、常に報告事項ということになる。

　連結計算書類を定時株主総会に提出している会計監査人設置会社の場合、取締役は株主総会において連結計算書類の監査結果を報告しなければならない（会社法444条7項）。これは連結計算書類についての会計監査人・監査役（会）の監査の結果を株主総会に提出することが義務付けられていないためである（会社法437条・444条6項参照）。ただし、実務上は、連結計算書類の監査報告も他の監査報告と併せて監査役が行っている例が散見される。

(4) 臨時計算書類

　臨時計算書類とは、最終事業年度後に会社が任意に定める日（以下「臨時計算日」という）の貸借対照表と、最終事業年度から臨時計算日までの損益計算書をいう（会社法441条1項）。なお、株主資本等変動計算書と個別注記表は臨時計算書類には含まれない。

　臨時計算書類の作成は、「当該株式会社の財産の状況を把握するため」に行うこととされているが（会社法441条1項）、これを作成すると臨時計算日までの損益を分配可能額に反映することができることから（会社法461条2項2号）、それを目的に作成されるケースが多い。

　臨時計算書類についても、計算書類と同様の要件の下に株主総会の承認を不要とする特則が設けられている（会社法441条4項、会社計算規則135条）。

記載例2-19　議案：計算書類の承認

第○号議案　第○期計算書類承認の件

　議長は、第○期（令和○年4月1日から令和○年3月31日まで）における次の書類を提出してその承認を求めたところ、出席株主の議決権の過半数の賛成により承認可決された。
- （1）貸借対照表
- （2）損益計算書
- （3）株主資本等変動計算書
- （4）個別注記表

第2章　株主総会議事録

記載例2-20　議案：計算書類の報告

第○号議案　第○期計算書類報告の件

　議長は、第○期（令和○年4月1日から令和○年3月31日まで）における次の書類を提出し、その内容を詳細に報告した。
　（1）貸借対照表
　（2）損益計算書
　（3）株主資本等変動計算書
　（4）個別注記表

---

3. 剰余金の配当

　会社は、株主総会の普通決議によって、剰余金の配当をすることができる（会社法453条）。

　剰余金の配当をする場合の配当財産は、金銭に限らず現物も可能であるが（会社法454条4項）、当該会社の株式・新株予約権・社債を配当することはできない（会社法454条1項1号かっこ書）。また、配当は、原則として株式数に応じた内容とする必要があるが（会社法454条3項）、いわゆる現物配当の場合には持株数が一定以下の株主を対象外とすることも認められる（会社法454条4項2号）。

　剰余金の配当を行う場合には、以下の事項を定めなければならず（会社法454条1項）、株主総会議事録には、これらの事項を記載する必要がある。

　i）配当財産の種類と帳簿価額の総額

　ii）株主に対する配当財産の割当てに関する事項

　iii）剰余金の配当の効力発生日

- 66 -

Ⅲ　各議案等の記載例とポイント

記載例2-21　議案：剰余金の配当

> 第○号議案　剰余金処分の件
>
> 　議長は、剰余金の処分として、以下のとおり剰余金の配当をしたい旨を述べ、その可否を諮ったところ、出席株主の議決権の過半数の賛成により承認可決された。
>
> 1. 配当財産の種類と帳簿価額の総額
> 　　金銭　総額金3,200万円
> 2. 株主に対する配当財産の割当てに関する事項
> 　　1株あたり金10円
> 3. 剰余金の配当の効力発生日
> 　　令和○年6月30日

4.　剰余金の処分

　会社は、株主総会の普通決議によって、剰余金の配当以外に、損失の処理や任意積立金の積立て等の剰余金の処分をすることができる（会社法452条）。これらは「処分」という表現がなされてはいるが、「その他利益剰余金」と「その他資本剰余金」の中での額の振替えであり、実際に現金等の財産の移動を伴うものではない。

　損失の処理とは、「その他利益剰余金」がマイナスである場合にそれを補填するものであり、原則として事業年度末日における貸借対照表上の「その他利益剰余金」のマイナスである残高の範囲で、「その他資本剰余金」から「その他利益剰余金」へ振り替えるものである（自己株式及び準備金の額の減少等に関する会計基準61項）。これ以外の場合には、資本と利益を区分すべきとする会計原則に基づき、「その他資本剰余金」から「その他利益剰余金」への振替えは認められない。

　任意積立金の積立てとは、会社がある一定の目的で任意に積み立てる額を定めるものであり、具体的には「その他利益剰余金」の中に任意の区分を設

けて、「その他利益剰余金」の一部をそれに振り替えるものである。任意積立金は分配可能額算定上の控除項目には当たらないため（会社法461条2項参照）、これに反して配当を行った場合、取締役の忠実義務違反を問われることはあっても（会社法355条参照）、違法配当の責任は生じない（会社法462条参照）。任意積立金の取崩しを行う場合の手続は、特段法定されておらず、取崩しの可否およびその手続は任意積立てを行った株主総会の決議に従うことになる。

　剰余金の処分を行う場合には、以下の事項を定めなければならず（会社法452条、会社計算規則153条）、株主総会議事録には、これらの事項を記載する必要がある。

　　i） 増加する剰余金の項目
　　ii） 減少する剰余金の項目
　　iii） 処分する各剰余金の額

記載例2-22　議案：その他剰余金の処分

第○号議案　剰余金の処分の件

　議長は、当事業年度における損失の処理として、以下のとおり剰余金の処分をしたい旨を述べ、その可否を諮ったところ、出席株主の議決権の過半数の賛成により承認可決された。

1. 増加する剰余金の項目および額
　　　利益剰余金　　金4,500万円
2. 減少する剰余金の項目および額
　　　資本剰余金　　金4,500万円

5. 資本金の額の減少

(1) アウトライン

　会社は、資本金の額を減少することができる（会社法447条1項）。

　資本金の額の減少とは、資本金の額を減少して、それをその他資本剰余金または「資本準備金」に振り替えることをいい（会社計算規則26条1項1号、27条1項1号）、実務的には損失の処理（会社法452条）や剰余金の配当（会社法453条）を目的として行われるケースが多い。

(2) 決議の態様

(a) 株主総会の特別決議

　資本金の額の減少は、原則として株主総会の特別決議によらなければならない（会社法309条2項9号）。

(b) 定時株主総会の普通決議

　欠損填補の目的のためにする資本金の額の減少であって、かつ減少する額が定時株主総会の日における欠損の額を超えない場合には、定時株主総会の普通決議によることができる（会社法309条2項9号イ・ロ、会社法施行規則68条）。

(c) 取締役会決議等

　募集株式の発行と同時に行う資本金の額の減少で、結果として従前より資本金の額が減少しない場合には、取締役会の決議によることができる（会社法447条3項）。

(3) 決議すべき事項

　資本金の額を減少する場合には、以下の事項を定めなければならず（会社法447条1項）、株主総会議事録には、これらの事項を記載する必要がある。

　　i）減少する資本金の額

　　ii）資本準備金とする場合には、その旨と計上額

　　iii）効力発生日

減少する資本金の額は、効力発生日における資本金の額を超えてはならない（会社法447条2項）。これは募集株式の発行と同時に、募集株式の発行による増加資本金を含めて資本金の額の減少を行うような場合に、減少する資本金の額が当該決議の日における資本金の額を超えることを許容する趣旨である。また、決議によって資本準備金とする額を定めなかった場合または資本準備金とする額が減少する資本金の額より少ない場合の残余については、「その他資本剰余金」となる（会社計算規則27条1項1号）。

記載例2-23　議案：資本金の額の減少

第○号議案　資本金の額の減少の件

　議長は、当社の財務体質改善のため、以下のとおり資本金の額の減少をしたい旨を述べ、その可否を諮ったところ、出席株主の議決権の3分の2以上の賛成により承認可決された。

1. 減少する資本金の額
　　　金3億2,000万円
2. 資本準備金とする額
　　　金2億2,000万円
3. 効力発生日
　　　令和○年9月30日

(4) 登記手続

資本金の額の減少を行った場合には、資本金の額（会社法911条3項5号）について変更登記をしなければならない（会社法915条1項）。

当該登記申請には、資本金の額の減少の決議を行った株主総会議事録または取締役会議事録を添付することになる（商業登記法46条2項）。

6. 準備金の額の減少

(1) アウトライン

会社は、準備金の額を減少することができる（会社法448条）。

準備金には、資本準備金と利益準備金とがある。資本準備金は、主に払込剰余金（会社法445条3項）と「その他資本剰余金」を原資とする剰余金の配当にあたって積み立てられた金額（会社法445条4項）の累計であり、利益準備金は、主に「その他利益剰余金」を原資とする剰余金の配当にあたって積み立てられた金額（会社法445条4項）の累計である。

準備金の額の減少は、資本金の額の減少と同様に、損失の処理（会社法452条）や剰余金の配当（会社法453条）を目的として行われるほか、資本金の額を増加するために準備金を資本に組み入れることもある。

準備金の額を減少すると、当該減少額は原則として同系統の剰余金に振り替わることになる（会社計算規則27条1項2号、29条1項1号）。つまり、資本準備金は「その他資本剰余金」に、利益準備金は「その他利益準備金」に振り替わることになるが、それらを資本金に組み入れることもできる（会社法448条1項2号）。これは剰余金の減少の場合も同様である（会社法450条）。

(2) 決議の態様

(a) 株主総会の普通決議

準備金の額の減少は、原則として株主総会の普通決議によらなければならない（会社法309条1項）。

(b) 取締役会決議等

(ア) 準備金の額が減少しないとき

募集株式の発行と同時に行う準備金の額の減少で、結果として従前より準備金の額が減少しない場合には、取締役会の決議によることができる（会社法448条3項）。

(イ) 定款の定めがあるとき

取締役の任期が1年である会計監査人設置会社で、最終事業年度に関

する計算書類の会計監査人の監査報告に、無限定適正意見が表明されている場合には、欠損の額を超えない範囲で、資本組入れをしない準備金の額の減少を取締役会の決議によって決定できる旨の定款の定めに基づき、取締役会の決議によることができる（会社法459条1項2号）。

(3) 決議すべき事項

準備金の額を減少する場合には、以下の事項を定めなければならず（会社法448条1項）、株主総会議事録には、これらの事項を記載する必要がある。

i) 減少する準備金の額

ii) 資本金とする場合には、その旨と資本金とする額

iii) 効力発生日

減少する準備金の額は、効力発生日における準備金の額を超えてはならない（会社法448条2項）。これは募集株式の発行と同時に、募集株式の発行による増加資本準備金を含めて準備金の額の減少を行うような場合に、減少する準備金の額が決議の日における準備金の額を超えることを許容する趣旨である。

記載例2-24　議案：資本準備金の額の減少

第○号議案　資本準備金の額の減少の件

議長は、建設業許可の取得にあたって資本金の額を増加する必要があるため、以下のとおり資本準備金の額の減少をしたい旨を述べ、その可否を諮ったところ、出席株主の議決権の過半数の賛成により承認可決された。

1. 減少する準備金の額

資本準備金　金2,000万円

2. 資本金とする額

金1,000万円

3. 効力発生日
　　　　令和○年6月30日

(4) 登記手続

　準備金の額を減少してそれを資本金に組み入れた場合には、資本金の額（会社法911条3項5号）について変更登記をしなければならない（会社法915条1項）。

　当該登記申請には、準備金の額の減少および資本組入れの決議を行った株主総会議事録または取締役会議事録を添付することになる（商業登記法46条2項）。

Ⅲ-2　定款変更（総則等）関係

　定款は、経営の在り方や株主・役員等との関係を規律する会社の根本的自治規範である。役員等は、定款で定める範囲内で株主から経営の委任を受けるものであり、この範囲を超え、またはこれに反する行為は差止請求の対象となる（会社法360条1項等）。

　定款は、設立時に株主となる発起人が決定するものであり（会社法26条1項）、その後の変更については株主総会の特別決議によるのが原則である（会社法309条2項11号）。

　定款変更において、決議すべき事項は法定されていないことから、株主総会議事録の記載としては、変更の内容が判明すれば足りるが、変更の前後が分かるような、いわゆる新旧対照方式とする例が散見される。

　定款には、種類株式や発行可能株式総数等の株式関連や、役員の報酬や任期などさまざまな記載事項があるが、ここでは、いわゆる総則等に該当する変更について言及することとする。

第2章　株主総会議事録

1. 商号変更

(1) アウトライン

　商号とは、商人を特定するための名称である。会社はその名称を商号としなければならず（会社法6条1項）、商号は本店とともに表記することで会社を特定する機能を果たす重要な事項といえる。

　商号は、定款の絶対的記載事項である（会社法27条2号）。

(2) 類似商号

　会社法においては、同一市区町村内で同一事業目的の会社が類似の商号を使用することを禁止する、いわゆる類似商号登記規制（会社法施行前商法19条参照）が撤廃された。ただし、他人が登記した商号を同一本店所在場所で使用することはできない（商業登記法27条）。これは、一般に会社が商号と本店所在場所で特定されることから、同一商号・同一本店所在場所を認めると両者を判然区別できないという不都合が生じるからである。また、不正の目的をもって、他の会社であると誤認されるおそれのある商号を使用することは認められない（会社法8条）。

(3) 使用文字等

　株式会社の商号については、会社の種類を表す「株式会社」の文字を使用すること（会社法6条2項）と、他の会社または他の種類の会社と誤認されるおそれがないこと（会社法7条・8条1項）の2つの条件を満たす限り、原則として自由に定めることができる。ただし、登記で使用できる文字に制限が設けられており（商業登記規則50条）、具体的には日本文字以外として、ローマ字、アラビア数字と以下の符号（ただし、字句を区切る際の符号として使用する場合に限る）を用いることができる。なお、ローマ字を用いて複数の単語を表記する場合にはスペース（空白）によって区切ることもできる[25]。

25　平14・7・31法務省告示315号

「&」	（アンパサンド）
「'」	（アポストロフィー）
「,」	（コンマ）
「-」	（ハイフン）
「.」	（ピリオド）
「・」	（中点）

(4) 登記手続

　商号の変更を行った場合には、商号（会社法911条3項2号）について変更登記をしなければならない（会社法915条1項）。

　当該登記申請には、定款変更の決議を行った株主総会議事録を添付することになる（商業登記法46条2項）。

　商号は支店所在地における登記事項でもあることから、変更の際には支店所在地でも商号の変更登記をしなければならない（会社法930条2項1号）。なお、支店所在地における登記については、2022（令和4）年9月1日に廃止されることとされており（令和元年改正会社法附則1条ただし書、令和3年政令334号）、その後に商号変更をした場合には、本店所在地においてのみ登記申請すれば足りることになる。

記載例2-25　議案：商号変更

第○号議案　定款一部変更（商号）の件

　議長は、当社の企業イメージの向上のため、令和○年4月1日付で以下のとおり定款を変更したい旨を述べ、その可否を諮ったところ、出席株主の議決権の3分の2以上の賛成により承認可決された。

現行	変更案
第○条（商号） 　当会社の商号は、<u>株式会社ＡＢＣ商事</u>とする。	第○条（商号） 　当会社の商号は、<u>株式会社ＡＢ＆C COMPANY</u>とする。

2. 本店移転

(1) アウトライン

　本店とは、会社の住所であり（会社法4条）、課税・登記・裁判など公的な手続における管轄の基準となるものでもある（法人税法16条等）。また、本店は商号とともに表記することで会社を特定する機能を果たすことになる。本店は、通常、会社が事業を行う上での主要な拠点といえるが、いわゆる本社機能が本店とは別に存在するケースもある。

　本店所在地は、定款の絶対的記載事項である（会社法27条3号）。本店所在地とは、例えば、「東京都新宿区」といった最小行政区画までで足り、定款では、この最小行政区画までを定めているケースが多い。一方、本店所在場所とは、例えば、「東京都新宿区西新宿○丁目△番□号」といった具体的な場所をいい、実際の本店表記や登記されるのは本店所在場所である（会社法911条3項3号）。

　定款で定めた本店所在地（最小行政区画）を変更する本店移転の場合には、株主総会の定款変更決議が必要となる。例えば、「東京都新宿区」から「神奈川県横浜市」に本店を移転した場合には定款変更を要するが、「東京都千代田区一番町」から「東京都千代田区麹町」に本店を移転した場合には定款変更を要しないということになる。

(2) 具体的所在場所の決定

　定款で本店所在地のみならず、具体的な本店所在場所を決めることもできるが、定款では本店所在地のみを定め、その範囲内で別途本店所在場所を定める場合、具体的な本店所在場所は取締役会の決議によって定めることになる（会社法362条2項1号。☞196ページ～）。

(3) 登記手続

　本店移転した場合には、本店（会社法911条3項3号）について変更登記をしなければならない（会社法915条1項）。

Ⅲ 各議案等の記載例とポイント

　当該登記申請には、本店所在地の定款変更の決議を行った株主総会議事録と実際の本店所在場所の決議を行った取締役会議事録を添付することになる（商業登記法46条2項）。

　本店を他の登記所の管轄区域内に移転した場合には、旧所在地における登記と新所在地における登記を同時に申請しなければならず、新本店所在地における登記申請は、旧所在地を管轄する登記所を経由してしなければならない（商業登記法51条1項・2項／経由申請）。

　本店所在場所は、支店所在地における登記事項でもあることから、本店移転の際は、支店所在地においても本店移転の登記をしなければならない（会社法930条2項2号）。なお、支店所在地における登記については、2022（令和4）年9月1日に廃止されることとされており（令和元年改正会社法附則1条ただし書、令和3年政令334号）、その後に本店移転をした場合には、本店所在地においてのみ登記申請すれば足りることになる。

記載例2-26　議案：本店移転

第○号議案　定款一部変更（本店）の件

　議長は、拠点を集約することで業務の効率化を図るため、令和○年4月1日開催予定の取締役会における本店移転決議をもって以下のとおり定款を変更したい旨を述べ、その可否を諮ったところ、出席株主の議決権の3分の2以上の賛成により承認可決された。

現行	変更案
第○条（本店） 　当会社は、本店を東京都千代田区に置く。	第○条（本店） 　当会社は、本店を東京都中央区に置く。

3. 目的変更

(1) アウトライン

　目的とは、会社の対外的な活動範囲を示すものであると同時に、会社の活動範囲を画してその活動を制限するものである。会社は、定款で定めた目的の範囲内において権利能力の主体となり（民法34条）、取締役は目的の範囲内で業務執行権限を有する（会社法360条1項）。

　目的は、定款の絶対的記載事項である（会社法27条1号）。

(2) 目的設定のルール

　会社の目的には、「明確性」「適法性」「営利性」が必要とされる[26]。なお、会社法においては、類似商号登記規制が撤廃されたことに伴い、目的の登記に関する「具体性」については登記官の審査の対象外とされた[27]。そのため、「商業」「商取引」「製造業」といった、包括的な目的の登記についても許容される。しかしながら、具体的にどのような事業を行うかについて商業登記簿上判明しないことは、会社の重要事項を公示するという商業登記の趣旨に反するものであり、許認可や商取引において不都合が生じる可能性があるほか、株主等による取締役の目的外行為の差止請求（会社法360条）が困難になるおそれがあることから、ある程度の具体性を有するものとすべきである。

(3) 使用文字

　目的の登記において使用する文字は日本文字が原則であるが、以下のようにローマ字を含む表記方法が社会的に認知されているような場合には、ローマ字が含まれている語句を用いることができる[28]。

【使用が許容される例】
- OA機器

---

[26]　昭55・10・28民四6195号回答
[27]　平18・3・31民商782号通達（129頁）
[28]　平14・7・31法務省告示315号

- LAN工事
- H型鋼材
- NPO活動
- LPガス

(4) 登記手続

目的を変更した場合には、目的（会社法911条3項1号）について変更登記をしなければならない（会社法915条1項）。なお、目的のうち一部を追加・削除したような場合であっても変更のない既存の目的を含めて全部を登記し直す必要がある。

当該登記申請には、定款変更の決議を行った株主総会議事録を添付することになる（商業登記法46条2項）。

記載例2-27　議案：目的変更

第○号議案　定款一部変更（目的）の件

議長は、当社が新たに損害保険代理店事業に参入するため、以下のとおり定款を変更したい旨を述べ、その可否を諮ったところ、出席株主の議決権の3分の2以上の賛成により承認可決された。

現行	変更案
第○条（目的） 　当会社は、次の事業を営むことを目的とする。 1. 不動産の売買、賃貸借および管理 2. 経営コンサルティング 3. 上記に附帯関連する一切の事業	第○条（目的） 　当会社は、次の事業を営むことを目的とする。 1. 不動産の売買、賃貸借および管理 2. 経営コンサルティング 3. 損害保険代理店業 4. 上記に附帯関連する一切の事業

4. 公告方法の変更

(1) アウトライン

　公告方法とは、会社が定めた公告をする方法であり（会社法2条33号）、定款の相対的記載事項である（会社法939条4項）。なお、公告方法を定款で定めない場合には官報によるものとされている（会社法939条4項）。

　会社法の規定に基づき行う公告は、原則として定款に定めた公告方法によって行うことになるが、いわゆる債権者保護手続など、株主ではない外部の第三者に向けて行う公告については官報で公告するものとされている（会社法449条2項、499条1項、789条2項等）。なお、いわゆる決算公告も、原則として定款に定めた公告方法で行うことになるが（会社法440条1項）、電磁的方法による、いわゆるWEB決算開示が認められている（会社法440条3項）。

(2) 公告の媒体

　会社は、公告方法として、ⅰ）官報、ⅱ）時事に関する事項を掲載する日刊新聞紙（以下「日刊新聞紙」という）、ⅲ）電子公告のいずれかを定款で定めることができる（会社法939条1項）。

　電子公告を公告方法とする場合には、定款においては電子公告とする旨を定めれば足り（会社法939条3項前段）、公告を掲載するWEBの具体的なURLまでは定款で定める必要はない。また、官報または日刊新聞紙を公告方法とする場合と異なり、事故その他やむを得ない事由によって電子公告による公告をすることができない場合に備え、官報または日刊新聞紙を予備的な公告の方法として定めることができる（会社法939条3項後段）。実務的には不慮の事故等に備え、予備的な公告方法についても定款に定めるべきであり、現状、電子公告を採用している会社のほとんどが予備的な公告方法を定めている。なお、公告方法を電子公告とする会社においては、決算公告も当然に電子公告によって行われることになるため、WEB決算開示を選択することができるのは、公告方法が官報または日刊新聞紙である会社に限られる（会社法440条3項）。

Ⅲ 各議案等の記載例とポイント

(3) 公告方法の定め方

　公告方法の定め方としては、例えば「当会社の公告は、A新聞に掲載してする」というような、1つの媒体を特定してするのが一般的であるが、「当会社の公告は、A新聞およびB新聞に掲載してする」といったように複数の媒体によって公告する旨の定めをすることもできる。ただし、「当会社の公告は、A新聞またはB新聞に掲載してする」というような選択的な方法を定めることはできず、また、「当会社の公告方法は、A新聞に掲載してする。ただし、A新聞による公告に不都合があるときは、B新聞に掲載してする」というような予備的な方法は、電子公告を除き、定めることはできない[29]。

(4) 登記手続

　公告方法を変更した場合には、公告方法（会社法911条3項27号）について変更登記をしなければならない（会社法915条1項）。官報の場合には「官報に掲載してする」旨を、日刊新聞紙の場合には「○○新聞に掲載してする」旨を、電子公告の場合には「電子公告により行う」旨と公告を掲載するWEBのURL、予備的公告方法を定めていればその媒体（会社法911条3項28号）について「ただし、事故その他やむを得ない事由により電子公告をすることができない場合には、○○新聞に掲載してする」の要領で登記することになる。

　当該登記申請には、定款変更の決議を行った株主総会議事録を添付することになる（商業登記法46条2項）。

29　大5・12・19民1952号回答

記載例2-28　議案：公告方法の変更

第○号議案　定款一部変更（公告方法）の件

　議長は、当社の情報開示体制を充実させるため、以下のとおり定款を変更したい旨を述べ、その可否を諮ったところ、出席株主の議決権の3分の2以上の賛成により承認可決された。

現行	変更案
第○条（公告方法） 　当会社の公告は、A新聞に掲載してする。	第○条（公告方法） 　当会社の公告は、電子公告により行う。ただし、事故その他やむを得ない事由により電子公告をすることができない場合には、A新聞に掲載してする。

5.　株主総会参考書類等の電子提供措置をとる旨の定め

(1) アウトライン

　会社は、以下に掲げる株主総会参考書類等について、電子提供措置をとる旨を定款で定めることができる（会社法325条の2。2022（令和4）年9月1日施行（令和3年政令334号））。

　　i)　株主総会参考書類
　　ii)　議決権行使書面
　　iii)　計算書類および事業報告
　　iv)　連結計算書類

　当該電子提供措置については、選択的に行うことができるのではなく、その旨の定めがある限り、電子提供をしなければならない。電子提供措置の定款の定めを設けた会社の取締役は、当該定めを設けた後に株主総会を開催する場合には、株主総会の3週間前または招集通知の発送日のいずれか早い日

から、株主総会後3か月を経過するまでの間、電子提供措置を講じなければならない（会社法325条の3）。

　電子提供措置を行う場合には、株主に送付する招集通知の内容に、電子提供措置をとる株主総会参考書類等の内容を記載する必要はなく、代わりに以下の情報を記載しなければならない（会社法325条の4第2項、会社法施行規則95条の3第1項）。

　　i) 株主総会の日時・場所
　　ii) 株主総会の目的事項
　　iii) 株主総会に出席しない株主が書面によって議決権を行使することができることとするときは、その旨
　　iv) 株主総会に出席しない株主が電磁的方法によって議決権を行使することができることとするときは、その旨
　　v) 株主総会関係書類の電子提供措置をとっているときは、その旨
　　vi) EDINET[30]により電子提供措置事項を行ったときは、その旨
　　vii) 電子提供措置に関するウェブサイトのURL

　電子提供措置をとる旨の定款の定めがある会社の株主は、電子提供措置をした内容（ただし、定款に定める一定の事項を除く）について、書面の交付を請求することができる（会社法325条の5第1項・3項）。

　議決権行使の基準日までに会社がこの請求を受けた場合には、当該基準日に関する株主総会について、電子提供措置をした内容を記載した書面を、当該請求をした株主に交付しなければならない（会社法325条の5第2項）。なお、この請求は一度行えば、その後の株主総会についても効力を有する（会社法325条の5第4項・5項）。

　電子提供措置の創設に関する令和元年改正会社法の施行時に振替株式を発行している上場会社等は、電子提供措置をとる旨の定めを設ける定款変更の決議をしたものとみなされ（令和元年改正会社法整備法10条2項、令和元年改正会社法整備法附則3号）、その日から6か月内にその旨の登記をしなけれ

30　https://disclosure.edinet-fsa.go.jp/

第2章　株主総会議事録

ばならない（令和元年改正会社法整備法10条4項）。

(2) 登記手続

　定款に電子提供措置をとる旨を設定し、または廃止した場合には、その定め（会社法911条3項12号の2）についての登記をしなければならない（会社法915条1項）。設定の登記の場合には「当会社は、株主総会参考書類等について電子提供措置をとる」旨を登記すれば足り、実際に電子提供措置に関する情報を掲載するURL等を登記する必要はない。

　当該登記申請には、定款変更の決議を行った株主総会議事録を添付することになる（商業登記法46条2項）。

記載例2-29　議案：株主総会参考書類等の電子提供措置をとる旨の定め設定

第○号議案　定款一部変更（株主総会参考書類等の電子提供措置をとる旨の定めの設定）の件

　議長は、株主総会参考書類等について、電子提供措置をとるために以下のとおり定款を変更したい旨を説明し、その可否を諮ったところ、出席株主の議決権の3分の2以上の賛成により承認可決された。

現行	変更案
（新設）	第○条（電子提供措置） 　当会社は、取締役が株主総会の招集の手続を行うときは、株主総会参考書類等の内容である情報について、電子提供措置をとるものとする。 2　当会社は、電子提供措置事項のうち法務省令で定めるものの全部について、書面交付請求により交付する書面に記載することを要しないものとする。

6. 事業年度の変更

(1) アウトライン

　事業年度は、会社法に定義はないが、会社の計算を区切るための期間であり、原則として1年を超えることができない。ただし、事業年度を変更する場合には、変更した年度に限り1年6か月を限度として伸長することが許容されている（会社計算規則59条2項）。

　事業年度は、配当や議決権行使の基準日等株主の権利に関連する重要な事項であるといえることから、ほとんどの会社は定款の任意的記載事項として定めている。

　定款で定められた事業年度を変更する場合には、定款変更に関する株主総会の特別決議によらなければならない（会社法309条2項11号）。

(2) 役員等の任期との関係

　役員等の任期は、事業年度に密接に関連しており、事業年度を変更することによって役員等の任期も変動するケースがあり、場合によっては事業年度の変更の時点で任期満了となることもある[31]。例えば、事業年度を4月1日から翌年の3月31日までとする原則的な取締役の任期（会社法332条1項）を採用する会社において、令和4年6月30日に開催された定時株主総会で選任された取締役の任期は令和6年の6月に開催される定時株主総会の終結時までとなる。しかし、この取締役の任期中である令和6年3月20日に事業年度を8月1日から翌年7月31日までとする変更を行った場合には、選任後2年内に終了する事業年度の末日は令和5年7月31日となり、事業年度の変更時点で任期は終了していたこととになる。このような場合には、事業年度の変更の効力発生時をもって当該取締役の任期は満了することになる。

31　相澤ほか・論点解説281頁

第2章　株主総会議事録

記載例2-30　議案：事業年度の変更

第○号議案　定款一部変更（事業年度）の件

　議長は、当社の主要取引状況を踏まえ、以下のとおり定款を変更したい旨を説明し、その可否を議場に諮ったところ出席株主の議決権の3分の2以上の賛成により承認可決された。

現行	変更案
第○条（事業年度） 　当社の事業年度は、毎年<u>4月1日</u>より翌年<u>3月31日</u>までの年1期とする。	第○条（事業年度） 　当社の事業年度は、毎年<u>8月1日</u>より翌年<u>7月31日</u>までの年1期とする。

Ⅲ-3　役員等関係

　取締役・会計参与・監査役・会計監査人（以下「役員等」という）は、定款に定める範囲で経営または経営の監督・監査を株主から委任された者であり、会社との関係は、民法の委任に関する規定（民法643条〜）に従うものとされている（会社法330条）。

1.　役員等の選任

(1) アウトライン

　役員等は、株主総会の普通決議によって選任される（会社法329条1項）。ただし、当該決議は、通常の普通決議と異なり、定款の定めによっても定足数を3分の1未満とすることはできない（会社法341条）。当該決議を「特則普通決議」と呼ぶこともある。

　役員等の任期はそれぞれ法定されているが（会社法332条等）、取締役については株主総会の決議で任期を短縮することができる（会社法332条1項、334条1項）。一方、監査役については、監査機能強化のための地位の安定の

- 86 -

要請から、原則として任期の短縮は認められない（会社法336条3項）。また、会計監査人については、他の役員等と異なり、任期満了時の定時株主総会において別段の決議がなされなかったときには、再任されたものとみなされる（会社法338条2項）。

(2) 就任承諾

　会社と役員等の関係は委任に関する規定に従うことから（会社法330条）、役員等に就任するには選任の決議とともに被選任者の就任の承諾が必要である。就任の承諾は書面による必要はなく、選任された株主総会の席上で被選任者本人が就任承諾の意思表示をしても差し支えない。その場合、株主総会議事録にその旨の記載があれば、役員等の就任登記申請において、当該議事録を就任の承諾をしたことを証する書面（商業登記法54条1項。以下「就任承諾書」という）として援用することができる。ただし、取締役と監査役については、再任の場合を除き、添付する、いわゆる本人確認証明書との関係で就任承諾書に住所と氏名が記載されていなければならないことから（商業登記規則61条7項）、株主総会の席上で被選任者が就任を承諾し、それを就任承諾書として援用するときには、当該議事録には被選任者の氏名だけでなく住所も記載しなければならないということになる[32]。また、選任の決議前に、その予定者から就任の承諾を得ておくことも可能であり（会社法施行規則74条1項2号等参照）、その場合には選任の決議時に役員等に就任することになる。

(3) 予選

　会社は、次期の役員等をあらかじめ選任することができる[33]。ただし、予選から選任までの期間があまりに長い場合には、会社法で取締役等に任期を規定している趣旨を没却することになるため認められない。また、予選から選任までの期間が短い場合であっても、予選時と実際の選任時に株主構成が大きく変わっている場合には、選任時の株主の選任権をあらかじめ奪う結果と

32　平27・2・20民商18号通達
33　最判昭37・3・8民集16巻3号473頁、昭41・1・20民甲271号回答

なるため、認められないと解されている[34]。

役員等を予選する場合、期限付きとするときにはその効力発生時を、条件付きとするときにはその条件を明らかにする必要があり、株主総会議事録にもそれらを記載しなければならない。

記載例2-31　議案：取締役の選任

第○号議案　取締役3名選任の件

議長は、現在の取締役全員が本定時株主総会終結の時をもって任期満了退任することとなるため、以下の取締役3名の選任を行いたい旨を述べ、その選任の可否を諮ったところ、出席株主の議決権の過半数の賛成により承認可決された。

山田　一郎（住所　東京都新宿区西新宿○丁目○番○号）
田中　次郎（住所　東京都渋谷区恵比寿○丁目○番○号）
鈴木　三郎（住所　東京都中央区日本橋○丁目○番○号）

なお、被選任者等は、席上その就任を即時に承諾した。

(4) 補欠役員

会社は、役員が法令・定款に定める員数に欠けた場合に備えて、補欠の役員を選任することができる（会社法329条3項）。なお、会計監査人にはこのような制度は設けられていない。

補欠役員を選任する場合には以下の事項を決定しなければならず、株主総会議事録にはこれらの事項を記載する必要がある（会社法329条3項、会社法施行規則96条2項）。

i) 補欠である旨
ii) 補欠の社外役員として選任するときは、その旨
iii) 特定の役員の補欠として選任するときは、その旨と当該特定の役員の

---

[34]　昭41・1・20民甲271号回答、松井・商業登記387頁

氏名

iv）同一の役員につき2人以上の補欠の役員を選任するときは、補欠の役員相互間の優先順位

v）補欠役員について、就任前にその選任の取消しを行う場合があるときは、その旨と取消しの手続

記載例2-32　議案：補欠監査役の選任

第○号議案　補欠監査役2名選任の件

議長は、監査役の員数が法令または定款に定める員数に欠けた場合に備え、監査役全員に対する会社法第329条第3項の規定に基づく補欠監査役として中村四郎（第1順位）および山中五郎（第2順位）を選任したい旨を述べ、その可否を諮ったところ、出席株主の議決権の過半数の賛成により承認可決された。

(5) 後任補欠役員

　会社は、任期満了前に退任する取締役の後任者について、前任者の任期を引き継ぐ、いわゆる後任補欠取締役とすることができる。これは、株主総会の決議による取締役任期の短縮の1つととらえることができる。また、監査役についても、後任補欠監査役に関しては定款の定めに基づく任期の短縮が認められている（会社法336条3項）。なお、会計監査人については、このような制度は設けられていない。

　後任補欠取締役・監査役とする場合には、会社側と被選任者の双方の意思を明確にする趣旨で、選任に関する株主総会議事録には、その旨と具体的な任期を記載すべきである。

第2章　株主総会議事録

記載例2-33　議案：後任補欠取締役の選任

第○号議案　取締役1名選任の件

　議長は、今般、任期途中で辞任した取締役鈴木三郎の後任として、須藤六郎を選任したい旨ならびに同人の任期は前任者である鈴木三郎の任期を引き継ぎ令和○年3月31日を事業年度の末日とする定時株主総会の終結の時までである旨を説明し、その可否を諮ったところ、出席株主の議決権の過半数の賛成により承認可決された。

(6) 登記手続

　役員等が就任した場合には、それらの者の氏名等（会社法911条3項13号・16号・17号ロ、19号）について変更登記をしなければならない（会社法915条1項）。

　当該登記申請には、役員等の選任決議を行った株主総会議事録を添付することになる（商業登記法46条2項）。

2. 役員報酬等の決定

(1) アウトライン

　取締役の報酬等については、定款に定めがある場合を除き、以下の事項を株主総会の普通決議によって定めなければならない（会社法361条1項）。

　　i) 額が確定している場合は、その額（確定金銭報酬）

　　ii) 額が確定していない場合は、その算定方法

　　iii) 募集株式・募集新株予約権である場合は、その数の上限等

　　iv) 募集株式・募集新株予約権の払込みに充てるための金銭である場合は、当該募集株式・募集新株予約権の数の上限等

　　v) 上記以外の報酬については、その具体的な内容

　監査役の報酬等についても、定款に定めがある場合を除き、株主総会の普

通決議によって定めなければならないが、取締役のような不確定の金銭報酬や現物報酬は想定されていない（会社法387条1項参照）。ただし、近年は、監査役にも、株式報酬や新株予約権報酬を付与する例もあり、その場合には、取締役の報酬等に関する規定に準じて取り扱われている。なお、監査役の報酬等について監査役が株主総会で意見を述べた場合には、株主総会議事録に当該意見を記載しなければならない（会社法施行規則72条3項3号ル）。

　会計監査人の報酬等については、監査役（会）等の同意を得て取締役（会）が定めるため、株主総会の決議事項とはならない（会社法399条・362条2項1号）。

　上記ⅰ）の確定金銭報酬については、株主総会で取締役の報酬等の上限を定め、具体的な金額の決定を取締役会の決議等に委任するのが一般的である。なお、公開会社かつ大会社であり金融商品取引法が適用される監査役会設置会社・監査等委員会設置会社においては、取締役の個人別の報酬等の内容を定款または株主総会で定めた場合を除き、取締役会で取締役（監査等委員である取締役を除く）の個人別の報酬等の内容についての決定方針を決定しなければならない（会社法361条7項、会社法施行規則98条の5）。また、事業年度の末日において公開会社である場合には、その概要等を事業報告の内容としなければならない（会社法施行規則119条2号、121条6号）。なお、監査役については、取締役のような方針の決定・開示等に関する制約はない。

　確定金銭報酬について、株主総会または定款で上限を定め、個々の決定を取締役会等に委任した場合については、各議事録の該当箇所（☞167ページ〜、☞220ページ〜、☞247ページ〜）を参照されたい。

(2) 報酬等の改定

　一度定めた役員の報酬等を改定する場合には、あらためて株主総会の決議をしなければならない。なお、(1)ⅰ）の確定金銭報酬については、株主総会で定めた上限の範囲内で変更するものであれば、委任を受けた取締役会の決議等で取締役の報酬等を改定することができる[35]。

35　最判昭60・3・26判時1159号150頁

監査役についても同様に、株主総会で定めた上限の範囲内であれば、監査役全員の協議によって改定することになる（会社法387条2項）。

記載例2-34　議案：取締役報酬等の改定

第○号議案　取締役の報酬等改定の件

　議長は、当社の取締役の報酬等の総額は令和○年6月28日開催の第○回定時株主総会において年額1億円以内と決定され現在に至っているところ、その後の経済情勢の変動や当社の業績の状況等を勘案し、今般、年額2億円以内に改定したい旨および使用人兼務取締役の使用人給与はこれに含まない旨ならびに各取締役への配分と支払時期については取締役会に一任したい旨を述べ、その可否を諮ったところ、出席株主の議決権の過半数の賛成により承認可決された。

(3) 退職慰労金

　役員等が退任するに際して支給する退職慰労金については、定款に定めがある場合を除き、株主総会の普通決議によらなければならない（会社法361条1項1号、379条1項、387条1項）。もっとも、あらかじめ確定報酬決議によって上限を定めている場合には、その範囲内であれば、あらためて株主総会の決議を経ることなく、取締役会の決議または監査役の協議によって支給することができる。

　退職慰労金を金銭による確定報酬として決議する場合でも、具体的な個々の役員等ごとの金額については、株主総会で明示せずに、「役員退職慰労金規程」等にあらかじめ定めた一定の基準に従って取締役会の決議等に委ねる例も散見される。なお、この場合、役員退職慰労金規程等の一定の基準は、あらかじめ開示するか、株主総会参考書類に記載する必要がある（会社法施行規則82条2項、84条2項）。

Ⅲ　各議案等の記載例とポイント

記載例2-35　議案：退任取締役退職慰労金の贈呈

第○号議案　退任取締役への退職慰労金贈呈の件

　議長は、本総会の終結をもって任期満了となる取締役山田一郎に対し、その長年の功労に報いるため、当社の「役員退職慰労金規程」に従い退職慰労金を贈呈したい旨およびその具体的金額と支払時期については取締役会に一任願いたい旨を述べ、その可否を議場に諮ったところ、出席株主の議決権の過半数の賛成により承認可決された。

(4) 役員賞与

　役員賞与の支給については、定款に定めがある場合を除き、株主総会の普通決議によらなければならない（会社法361条1項1号、379条1項、387条1項）。ただし、役員退職慰労金と同様に、あらかじめ確定報酬決議によって上限を定めている場合には、その範囲内であれば、あらためて株主総会の決議を経ることなく、取締役会の決議または監査役の協議によって支給することができる。

記載例2-36　議案：取締役賞与の支給

第○号議案　取締役への賞与支給の件

　議長は、当期の当社の業績等を勘案して、当期末時点の取締役○名に対し、賞与として総額3,000万円を支給したい旨および各取締役への配分と支払時期については取締役会に一任願いたい旨を述べ、その可否を諮ったところ、出席株主の議決権の過半数の賛成により承認可決された。

(5) 取締役への株式報酬

　取締役の報酬とする募集株式については、定款に定めがある場合を除き、株主総会の普通決議により、以下の事項を定めなければならない（会社法361条1項3号、会社法施行規則98条の2）。なお、当該報酬は確定報酬や不確定報

- 93 -

酬とした場合であっても決議が必要となる[36]。

  i) 報酬とする募集株式の数の上限

 ii) 一定の事由が生ずるまで譲渡を禁止するときは、その旨と一定の事由の概要

iii) 一定の事由が生じたことを条件に会社に無償で譲渡することとするときは、その旨と一定の事由の概要

 iv) その他当該募集株式の割当ての条件の概要

  v) 取締役の報酬額（確定報酬額または不確定報酬額）

(6) 取締役への新株予約権報酬

　取締役の報酬とする募集新株予約権については、定款に定めがある場合を除き、株主総会の普通決議により、以下の事項を定めなければならない（会社法361条1項4号、会社法施行規則98条の3）。なお、株式報酬と同様に、当該報酬は確定報酬や不確定報酬とした場合であっても決議が必要となる。

  i) 報酬とする募集新株予約権の数の上限

 ii) 当該募集新株予約権の目的である株式の数またはその数の算定方法

iii) 当該募集新株予約権の行使に際して出資される財産の価額またはその算定方法（いわゆる上場会社においては取締役以外の者は行使できない旨を定めることにより行使に際して払込みを要しない旨を定めることができる（会社法236条3項））

 iv) 現物出資を当該募集新株予約権の行使に際してする出資の目的とするときは、その旨と当該財産の内容・価額

  v) 当該新株予約権を行使することができる期間

 vi) 一定の資格を有する者が当該募集新株予約権を行使することができることとするときは、その旨と一定の資格の内容の概要

vii) その他の当該募集新株予約権の行使の条件を定めるときは、その概要

viii) 募集新株予約権に譲渡制限を設ける場合には、その旨

36　経済産業省『「攻めの経営」を促す役員報酬』(2021年6月時点版) Q8
　　https://www.meti.go.jp/press/2021/06/20210607001/20210607001-1.pdf

ⅸ）取得条項（会社法236条1項7号）に掲げる事項

　ⅹ）取締役に対して当該募集新株予約権を割り当てる条件を定めるときは、その条件の概要

　ⅺ）取締役の報酬額（確定報酬額または不確定報酬額）

(7) 株式・新株予約権の払込みに充てる金銭報酬

　取締役の報酬とする募集株式または募集新株予約権の払込みに充てるための金銭報酬については、定款に定めがある場合を除き、株主総会の普通決議により以下の事項を定めなければならない（会社法361条1項5号、会社法施行規則98条の4）。

　＜募集株式の払込みのための金銭の場合＞

　ⅰ）取締役が引き受ける募集株式の数の上限

　ⅱ）一定の事由が生ずるまで譲渡を禁止するときには、その旨と一定の事由の概要

　ⅲ）一定の事由が生じたことを条件に会社に無償で譲渡することとするときは、その旨と一定の事由の概要

　ⅳ）その他取締役に対する金銭交付の条件または募集株式割当ての条件の概要

　＜募集新株予約権の払込みのための金銭の場合＞

　ⅰ）取締役が引き受ける募集新株予約権の数の上限

　ⅱ）募集新株予約権の目的である株式の数またはその数の算定方法

　ⅲ）募集新株予約権の行使に際して出資される財産の価額またはその算定方法（いわゆる上場会社においては取締役以外の者は行使できない旨を定めることにより行使に際して払込みを要しない旨を定めることができる（会社法236条3項））

　ⅳ）現物出資を当該募集新株予約権の行使に際してする出資の目的とするときは、その旨と当該財産の内容と価額

　ⅴ）当該募集新株予約権を行使することができる期間

第2章　株主総会議事録

vi) 一定の資格を有する者が当該募集新株予約権を行使することができることとするときは、その旨と一定の資格の内容の概要

vii) その他の当該募集新株予約権の行使の条件の概要

viii) 募集新株予約権に譲渡制限を設けるときは、その旨

ix) 取得条項（会社法236条1項7号）に掲げる事項

x) 取締役に対する金銭交付の条件または募集新株予約権割当ての条件の概要

記載例2-37　議案：取締役への株式報酬

第○号議案　取締役報酬として募集株式を付与する件

　議長は、当社取締役に対する報酬として、既存の金銭報酬に加えて、新たに以下のとおり募集株式を付与したい旨および付与の具体的な時期ならびに各取締役へ付与する募集株式の数について、取締役会に一任としたい旨を説明し、その可否を諮ったところ、出席株主の議決権の過半数の賛成により承認可決された。

　　対象取締役　　取締役3名
　　募集株式の数　年間合計1万株を上限とする。
　　譲渡制限　　　取締役は、募集株式の付与後3年間、当該募集株式を
　　　　　　　　　譲渡してはならないものとする。
　　無償取得　　　譲渡制限の解除までに本募集株式の付与を受けた取
　　　　　　　　　締役が当社の取締役でなくなった場合には、当社は、
　　　　　　　　　当該取締役でなくなった者に付与された本募集株式
　　　　　　　　　の全部を当然に無償で取得する。

3.　役員等の責任免除等

(1) アウトライン

　役員等がその任務を怠った場合、これらの者は、会社に対して損害を賠償

する責任を負う（会社法423条1項）。この責任は、原則として総株主の同意が
なければ免除することができない（会社法424条）。ただし、これらの者が職
務を行うにつき善意無重過失であるときには、一定額を限度として、株主総
会の特別決議によって一部を免除することができる（会社法425条1項、309
条2項8号）。なお、取締役・執行役の責任の一部免除に関する議案を株主総
会に提出する場合には、監査役等の同意を得なければならない（会社法425条
3項）。

　責任の一部免除に関する決議を行う株主総会において、取締役は以下の事
項を開示しなければならず（会社法425条2項）、株主総会議事録にもこれら
を記載すべきである。

　　i ）　責任の原因となった事実とその賠償責任額

　　ii）　免除することができる額の限度とその算定の根拠

　　iii）　責任を免除すべき理由とその免除額

(2) 責任免除規定

　取締役が2人以上いる監査役設置会社・監査等委員会設置会社・指名委員
会等設置会社については、善意無重過失の役員等の責任を取締役会の決議に
よって一部免除することを定款で定め、当該定めに基づき責任の一部を免除
することができる（会社法426条1項。責任免除規定に基づき責任の一部免除
を行う際の取締役会の決議については☞172ページ〜）。なお、取締役・執行
役の当該責任の一部免除に関する定款の定め（以下「責任免除規定」という）
を設定する議案を株主総会に提出する場合、監査役等の同意を得なければな
らない（会社法426条2項、425条3項）。

記載例2-38　議案：責任免除規定の設定

第○号議案　定款一部変更（責任免除規定）の件

　議長は、社内外から広く取締役となる人材を募るため、以下のとおり役員等の責任免除に関する定めを設定する定款第○条を新設し、第○条以下を1条ずつ繰り下げたい旨を述べ、その可否を諮ったところ、出席株主の議決権の3分の2以上の賛成により承認可決された。

現行	変更案
（新設）	第○条（責任免除規定） 　当会社は、会社法第426条第1項の規定により、取締役会の決議によって、同法第423条第1項の行為に関する取締役（取締役であった者を含む。）の責任を法令の限度において免除することができる。

(3) 責任限定契約規定

　すべての株式会社は、定款に定めることによって、善意無重過失の非業務執行取締役・監査役・会計参与・会計監査人の責任の限度額を定める契約（以下「責任限定契約」という）を締結することができる（会社法427条1項）。責任免除規定は、発生した責任を一部免除するものであるのに対して、責任限定契約は発生する責任の範囲を限定するものであり、これらを重畳的に適用することも可能である。なお、この責任限定契約に関する定款の定め（以下「責任限定契約規定」という）を設定する議案を株主総会に提出する場合、監査役等の同意を得なければならない（会社法425条3項、427条3項）。

Ⅲ 各議案等の記載例とポイント

記載例2-39　議案：責任限定契約規定の設定

第○号議案　定款一部変更（責任限定契約）の件

　議長は、社外から広く取締役となる人材を迎えるため、以下のとおり非業務執行取締役の責任限定契約に関する定めを設定する定款第○条を新設し、第○条以下を1条ずつ繰り下げたい旨を述べ、その可否を議場に諮ったところ、出席株主の議決権の3分の2以上の賛成により承認可決された。

現行	変更案
（新設）	第○条（責任限定契約） 　当会社は、会社法第427条第1項の規定により、非業務執行取締役との間に、同法第423条第1項の行為による賠償責任を限定する契約を締結することができる。ただし、当該契約に基づく賠償責任の限度額は、金100万円以上であらかじめ定めた金額または法令が規定する額のいずれか高い額とする。

(4) 登記手続

　定款に責任免除規定または責任限定契約規定を設定等した場合には、当該規定（会社法911条3項24号・25号）について登記をしなければならない。

　当該登記申請には、定款変更の決議を行った株主総会議事録を添付することになる（商業登記法46条2項）。

Ⅲ-4　株式等関係

　株式とは、株主の会社に対する権利義務の総称である。株式は、均一の割合的単位のかたちをとり（会社法109条1項、308条1項本文）、各株主は株式を

複数所有することも認められている。

　株主に認められた権利には、剰余金の配当請求権（会社法453条）など株主が会社から直接に経済的利益を受ける自益権と、株主総会の議決権の行使（会社法309条）など株主が会社経営に参画し、あるいは取締役等の行為を監督是正する共益権とがある。

1. 発行可能株式総数の変更

(1) アウトライン

　発行可能株式総数とは、会社が発行できる株式の数の上限である。発行可能株式総数から発行済株式総数を控除した残余が株主から取締役会に対して新株式の発行を授権していることになるため、この発行可能株式総数の残余を実務においては、「授権枠」や「授権資本」と呼ぶこともある。また、公開会社が、発行可能株式総数を増加する変更を行う場合には、変更後の発行可能株式総数は発行済株式総数の4倍を超えることができない（会社法113条3項）。

　発行可能株式総数は、定款の絶対的記載事項である（会社法37条1項）。

(2) 他の手続との関係

(a) 募集株式の発行

　募集株式を発行する場合で、発行可能株式総数の残余が不足するときには、発行可能株式総数の増加についての定款変更を行う必要がある。また、募集株式の発行後に発行可能株式総数を増加したいときには、募集株式の発行の効力発生を条件とした定款変更の決議によって発行可能株式総数を増加することができる[37]。

(b) 株式分割

　株式分割を行う場合で、種類株式発行会社であって現に種類株式を発行している会社を除き、当該株式分割と同時に分割比率を超えない範囲での発行

---

[37]　最判昭37・3・8民集16巻3号473頁、昭34・8・29民甲1923号回答

可能株式総数の増加についての定款変更は取締役会の決議によることができる（会社法184条2項）。

（c）株式併合

株式併合を行う場合、株式併合の効力発生日における発行可能株式総数を定めなければならず、公開会社については、株式併合後の発行済株式総数の4倍を超えることができない（会社法180条3項）。

（d）組織再編

吸収合併等の組織再編行為を行う場合、存続会社から消滅会社の株主に対して交付する株式が発行可能株式総数を超えてしまうケースがあるが、このような場合には、組織再編行為の効力発生を条件とした定款変更の決議によって発行可能株式総数を増加することができる[38]。

（3）登記手続

発行可能株式総数の変更を行った場合には、発行可能株式総数（会社法911条3項6号）について変更登記をしなければならない（会社法915条1項）。なお、株式併合を行った会社が新株予約権を発行している場合には、新株予約権の目的である株式の数やいわゆる行使価額についての登記事項も修正が必要となることがある。

当該登記申請には、定款変更の決議を行った機関に応じて、株主総会議事録または取締役会議事録を添付することになる（商業登記法46条2項）。

38　平20・9・30民商2664号回答

第2章　株主総会議事録

記載例2-40　議案：発行可能株式総数の変更

> 第○号議案　定款一部変更（発行可能株式総数）の件
>
> 　議長は、今後の資金調達に備えるため、以下のとおり定款を変更したい旨を述べ、内容を詳細に説明した上で、その可否を諮ったところ、出席株主の議決権の3分の2以上の賛成により承認可決された。
>
> | 現行 | 変更案 |
> | --- | --- |
> | 第○条（発行可能株式総数） 　当会社の発行可能株式総数は、1万株とする。 | 第○条（発行可能株式総数） 　当会社の発行可能株式総数は、4万株とする。 |

2. 種類株式の設定等

(1) アウトライン

　種類株式とは、会社が複数の種類の株式を発行する場合における当該複数種類の株式の総称である。会社が新たな種類の株式を発行する場合には、定款で当該種類株式の内容を定めなければならない（会社法108条）。

　定款に種類株式に関する定めを設ける場合や既存の種類株式の内容を変更する場合には、定款変更の決議が必要となる（会社法466条・309条2項11号）。また、株式の種類を追加し、または種類株式の内容を変更する場合であって、ある種類の株式の種類株主に損害を生じるおそれがあるときには、当該種類株式の種類株主総会における定款変更の決議が必要となる（会社法322条1項イ・ロ、324条2項4号）。

　会社法では、種類株式の内容として9種類が認められており（会社法108条1項各号）、矛盾のない範囲でそれらを組み合わせることが可能である。

　種類株式に関する定款の定めを設ける場合には、種類に応じた一定の内容のほかに、発行可能種類株式総数を定めなければならず（会社法108条2項）、それについても株主総会議事録に記載することになる。

Ⅲ 各議案等の記載例とポイント

(2) 登記手続

　種類株式の設定等を行った場合には、発行可能種類株式総数および発行する各種類の株式の内容（会社法911条3項7号）について変更登記をしなければならない（会社法915条1項）。

　当該登記申請には、定款変更の決議を行った株主総会議事録と、ある種類の株式の種類株主に損害を生じるおそれがあるときには種類株主総会議事録を添付することになる（商業登記法46条2項）。

記載例2-41　議案：種類株式（配当優先）の設定

第○号議案　定款一部変更（種類株式）の件

　議長は、当社の資金調達手段の多様化のため、以下のとおり種類株式に関する定めとして定款第○条を新設し、第○条以下を1条ずつ繰り下げたい旨を述べ、内容を詳細に説明した上で、その可否を諮ったところ、出席株主の議決権の3分の2以上の賛成により承認可決された。

現行	変更案
（新設）	第○条（種類株式） 　当会社の発行可能種類株式総数は、普通株式10万株、A種株式200株とする。 ②　A種株式の内容は、次のとおりとする。 1 当会社は、金銭による剰余金の配当を行うときには、A種株式を有する株主（以下、「A種株主」という。）またはA種株式の登録株式質権者（以下、「A種株式質権者」という。）に対し、当会社の普通株式を有する株主（以下、「普通株主」という。）ま

- 103 -

	たは普通株式の登録株式質権者（以下、「普通株式質権者」という。）に先立ち、A種株式1株につき、年50円を上限として発行に際して株主総会の決議で定める額の配当金（以下、「A種優先配当金」という。）を支払う。 2 ある事業年度においてA種株式1株当たりの配当金がA種優先配当金に達しない場合は、当該不足額は翌事業年度以降に累積しない。 3 当会社が、A種優先配当金の配当後に同一の事業年度において金銭による剰余金の配当を行うときには、A種株式と普通株式の各1株に対して同額の剰余金を配当する。

3. 募集株式の発行

(1) アウトライン

　募集株式の発行とは、会社が株式を発行等することによって資金調達を行うものである。

　募集株式を発行する場合には、募集の都度、以下の募集事項を定める必要があり（会社法199条1項）、公開会社においては、募集事項の決定は取締役会の決議によって行うのが原則である（会社法201条1項。☞178ページ〜）。

　　i）募集株式の数

　　ii）募集株式の払込金額またはその算定方法

　　iii）現物出資の場合には、その旨と当該財産の内容と価額

　　iv）払込期日または払込期間

Ⅲ 各議案等の記載例とポイント

ⅴ）増加する資本金・資本準備金の額

(2) 有利発行

公開会社においては、発行可能株式総数の範囲内であれば、株主の議決権比率を維持することは基本的に考慮されないため、募集株式の発行は取締役会の決議によって行うことができるのが原則である（会社法201条1項）。ただし、既存株主が保有する株式の価値の希釈化を生じる、いわゆる有利発行の場合には、募集事項の決定を株主総会の特別決議によって決定するか、株主総会の特別決議に基づく委任によって取締役会で決定しなければならない（会社法199条3項、200条1項、201条1項、309条2項5号）。

有利発行に該当するか否かについては、過去の売買価格、株式の上場・非上場の別や取引高等によって算定方法も変わってくるため一義的な基準はないが、日本証券業協会の自主ルール「第三者割当増資の取扱いに関する指針」では、払込価額が募集株式の発行の決議の時点における相場の90％未満というのを1つの目安としている。

有利発行の場合、取締役は、株主総会において有利発行を必要とする理由を説明し（会社法199条3項）、募集事項を株主総会で決議しなければならないことから（会社法199条1項）、株主総会議事録にはこれらの内容を記載する必要がある。

記載例2-42　議案：募集株式の発行（有利発行）

第○号議案　第三者割当による募集株式発行の件

議長は、当社の財務状況から可及的速やかにキャッシュフローを改善させる必要があり、今般、XYZ商事株式会社から当面の必要資金の出資を得るために、以下のとおり特に有利な払込価額で募集株式の発行を行いたい旨を説明し、その可否を諮ったところ、出席株主の議決権の3分の2以上の賛成により承認可決された。

1. 募集株式の数　　10万株

- 105 -

第2章　株主総会議事録

2. 払込金額　　　　1株あたり金5,000円
3. 払込期日　　　　令和○年5月15日
4. 増加資本金等　　払込総額の2分の1を資本金とし、その余は資本
　　　　　　　　　　準備金とする。

(3) 支配権の異動

　公開会社では、有利発行である場合を除き、募集株式の発行は取締役会の
決議によるのが原則であるが、いわゆる支配的株主に変動が生じるような大
規模な募集株式の発行については、その重要性を考慮し、株主総会の決議に
よって募集事項の決定を行わなければならないケースがある。

　募集株式の発行によって議決権の過半数を有する支配株主に変動が生じる
場合には、原則として当該発行の払込期日または払込期間の初日の2週間前
までに、引受人の氏名・住所・募集株式の発行後に保有することとなる議決
権の数等を株主に対し通知または公告をしなければならない（会社法206条
の2第1項・2項）。この通知または公告から2週間以内に、総議決権の10分
の1以上を有する株主が反対の意思を会社に通知した場合には、払込期日ま
たは払込期間の初日の前日までに当該引受人に対する割当て等について、株
主総会の普通決議による承認を受けなければならない（会社法206条の2第4
項）。ただし、会社の財産の状況が著しく悪化している場合で、会社の事業の
継続のために緊急性があるときには、株主総会の決議を経る必要はないとさ
れている（会社法206条の2第4項ただし書）。

記載例2-43　議案：募集株式の発行（支配権の異動）

　　第○号議案　　支配株主の異動を伴う募集株式発行承認の件

　議長は、当社の財務状況を踏まえ、速やかに資金を調達する必要があ
るため、このたびXYZ商事株式会社を対象として10万株の募集株式の割
当てを行いたい旨および当該募集株式の発行により同社が当社の議決権
の過半数を有することになる旨と、この募集事項の決定の取締役会決議
を令和○年5月8日に行い、同日付で当該募集株式の発行にかかる公告を

したところ、総議決権の10分の1を超える株主からの反対があり、本総会において承認を求めることとなった旨を説明し、その可否を諮ったところ、出席株主の議決権の過半数の賛成により承認可決された。

(4) 登記手続

募集株式の発行を行った場合には、資本金の額（会社法911条3項5号）と発行済株式の総数（会社法911条3項9号）について変更登記をしなければならない（会社法915条1項）。

当該登記申請には、募集株式発行の決議を行った機関に応じて、株主総会議事録または取締役会議事録を添付することになる（商業登記法46条2項）。

4. 自己株式の取得

(1) アウトライン

会社は、株主総会の普通決議によって株主との合意により自己の株式を有償で取得することができる（会社法156条1項）。なお、定款の定めに基づく市場取引による場合や子会社から取得する場合には、株主総会の決議を経ることなく、取締役会の決議によって取得することができる（会社法163条・165条2項・3項。☞180ページ～）。

自己株式の有償取得については、株主に対する出資の払戻しと同視され、債権者保護の観点から、原則として剰余金の配当と同様の財源規制を受けることになる（会社法461条1項）。

(2) 全株主対象の場合

全株主を対象に自己株式の取得を行おうとする場合には、まず株主総会の普通決議によって、いわゆる枠取りをし、その範囲内で取締役会の決議によって具体的に取得する自己株式の数等を決定し、全株主を対象に自己株式取得に関する通知または公開会社にあっては公告を行い、申込みのあった株式を取得する。このとき、取得数に対し申込みが多数であったときには、取得

数を申込株式数で按分して取得することになる（会社法156条～159条）。

自己株式を取得する株主総会の決議においては、以下の事項を定めなければならず（会社法156条1項）、株主総会議事録には、これらの事項を記載する必要がある。

i) 取得する株式の数

ii) 株式を取得するのと引換えに交付する金銭等の内容とその総額

iii) 株式を取得することができる期間

記載例2-44　議案：自己株式の取得（全株主対象）

第○号議案　自己株式取得の件

　議長は、株主還元の一環として、以下のとおり自己株式の取得をしたい旨を説明し、その可否を諮ったところ、出席株主の議決権の過半数の賛成により承認可決された。

　　1. 取得する株式の数
　　　普通株式　10万株
　　2. 対価として交付する金銭等の内容およびその総額
　　　1株あたり金5,500円
　　3. 株式を取得することができる期間
　　　令和○年6月1日から令和○年10月31日

---

(3) 特定株主対象の場合

特定の株主のみを対象に自己株式の取得を行おうとする場合には、通常の決議事項に加えて、自己株式取得の通知を特定の株主に対してする旨を定め（会社法156条1項、160条1項）、株主総会の特別決議による承認を受けなければならず（会社法309条2項2号）、株主総会議事録にはこれらの事項を記載する必要がある。

特定株主から自己株式を取得する場合の株主総会において、当該特定株主は原則として議決権を行使することができない（会社法160条4項）。

- 108 -

III 各議案等の記載例とポイント

記載例2-45 議案：自己株式の取得（特定株主対象）

> 第○号議案 特定の株主からの自己株式取得の件
>
> 　議長は、鈴木一郎氏から持株売却の打診を受け、以下のとおり当該特定の株主から自己株式の取得をしたい旨を説明し、その可否を諮ったところ、出席株主の議決権の3分の2以上の賛成により承認可決された。
> 　なお、本議案について、取得の対象となる株主である鈴木一郎氏は議決権行使をしていない。
>
> 　　1. 取得する株式の数
> 　　　普通株式　　1万株
> 　　2. 対価として交付する金銭等の内容およびその総額
> 　　　金5,000万円
> 　　3. 株式を取得することができる期間
> 　　　令和○年6月1日から令和○年10月31日
> 　　4. 特定株主への通知
> 　　　会社法第158条第1項の規定による通知を以下の特定の株主に対して行う。
> 　　　　鈴木一郎

5. 株式併合

(1) アウトライン

　株式併合とは、同種類の株式を併せることによって発行済株式数を減少させるものである。

　株式併合を行おうとする場合には、株主総会の特別決議によって以下の事項を定めなければならず（会社法180条2項、309条2項4号）、株主総会議事録にはこれらの事項を記載する必要がある。

　株式併合によって1株に満たない端数が生ずる場合の反対株主の株式買取請求については、株主総会で反対の議決権行使をすることが要件とされるため（会社法182条の4）、株主総会までに反対の通知を受けた場合、後日の買取

請求に備えて、通知した株主の株主総会での議決権行使に関する事項を株主総会議事録に記載すべきである。

　ⅰ）併合の割合

　ⅱ）効力発生日

　ⅲ）種類株式発行会社の場合には、併合する株式の種類

　ⅳ）効力発生日における発行可能株式総数

　公開会社では、効力発生日における発行可能株式総数が発行済株式総数の4倍を超えることができない（会社法180条3項）。

　会社は、株式併合の効力発生日の20日前までに株主・登録株式質権者に対し、ⅰ）からⅳ）までの事項を通知または公告をし（会社法181条・182条の4第3項）、この通知または公告と株主総会の2週間前のいずれか早い日までの間に、それらに加えて併合の割合の相当性や最終事業年度の貸借対照表等を備え置かなければならない（会社法182条の2、会社法施行規則33条の9）。また、株式併合が法令・定款に違反する場合で、株主が不利益を受けるおそれがあるときには、株主は会社に対して株式併合をやめるよう請求することができる（会社法182条の3）。

　会社は、効力発生日後遅滞なく、株式併合の効力発生後の発行済株式総数等を記載した書面を効力発生日から6か月間、本店に備え置かなければならない（会社法182条の6、会社法施行規則33条の10）。

(2) 登記手続

　株式併合を行った場合には、発行済株式の総数（会社法911条3項9号）について変更登記をしなければならない（会社法915条1項）。なお、発行可能株式総数（会社法911条3項6号）を変更した場合には、当該変更の登記も必要となる。

　当該登記申請には、株式併合の決議を行った株主総会議事録を添付することになる（商業登記法46条2項）。

Ⅲ 各議案等の記載例とポイント

記載例2-46 議案：株式併合

第○号議案 株式併合の件

　議長は、今後予定される株式会社甲乙商事との合併に関する合併比率を調整するため、令和○年3月31日を効力発生日として普通株式10株を1株とする株式併合することならびに併合後の発行可能株式総数を4万株とすることについて趣旨等を詳細に説明した上で、その可否を諮ったところ、出席株主の議決権の3分の2以上の賛成により承認可決された。

---

6. 単元株式の設定等

(1) アウトライン

　単元株式とは、会社が議決権の行使に関して、ある一定数の株式をもって1個の権利として行使できることを定めるものである（会社法188条1項）。単元株式制度は、原則として議決権の行使に関するものであり、剰余金の配当等それ以外の権利については単元未満株式にも株式数に応じて認められる。ただし、会社は定款で定めることによって、以下の権利を除き、単元未満株主の権利を制限することができる（会社法189条2項）。

　　i) 全部取得条項付株式の取得の対価を受ける権利

　　ii) 取得条項付株式の取得の対価を受ける権利

　　iii) 株式無償割当てを受ける権利

　　iv) 単元未満株式の買取請求をする権利

　　v) 残余財産の分配を受ける権利

　　vi) その他株式の権利を失うことに伴う対価を受領する権利と定款および株主名簿の閲覧等の法務省令（会社法施行規則35条）に規定する事項

(2) 設定のルール

　単元株式の数は、1,000株または発行済株式総数の200分の1を超えること

- 111 -

ができない（会社法188条2項、会社法施行規則34条）。

　上場会社においては、売買単位が1単元の株式の数とされており、原則として1単元の株式の数を100株とすることが求められている（有価証券上場規程427条の2・445条の2）。

(3) 決議の態様
（a）原則
　単元株式数は定款の相対的記載事項であることから、その設定等には、原則として定款変更のための株主総会の特別決議が必要となる（会社法466条・309条2項11号）。
（b）株式分割と同時設定等
　株式分割と単元株式数の設定または増加変更に関する定款変更を同時に行う場合で、株式分割の割合が結果的に単元株式数の設定等の割合を下回らないときには、株主にとって不利益とはならないことから、当該定款変更については取締役会の決議によることができる（会社法191条）。
（c）廃止・減少変更
　単元株式数の廃止または減少変更に関する定款変更を行う場合には、株主にとって不利益とはならないことから、当該定款変更については取締役会の決議によることができる（会社法195条1項）。

(4) 登記手続
　単元株式数の設定・変更・廃止をした場合には、単元株式数（会社法911条3項8号）について変更登記をしなければならない（会社法915条1項）。

　当該登記申請には、決議機関に応じて、株主総会議事録または取締役会議事録を添付することになる（商業登記法46条2項）。

III 各議案等の記載例とポイント

記載例2-47　議案：単元株式の設定

第○号議案　定款一部変更（単元株式）の件

　議長は、取引所からの売買単位統一化に向けた要請に応えるため、以下のとおり単元株式数を設定する定款第○条を新設し、第○条以下を1条ずつ繰り下げたい旨を述べ、内容を詳細に説明した上で、その可否を諮ったところ、出席株主の議決権の3分の2以上の賛成により承認可決された。

現行	変更案
（新設）	第○条（単元株式） 　当会社の単元株式数は、100株とする。

---

7. 株主名簿管理人の設置

(1) アウトライン

　株主名簿管理人とは、会社に代わって株主名簿の作成・備置きその他の株主名簿に関する事務を行う者をいう（会社法123条）。

　株主名簿管理人を設置し事務を委託する場合、定款で株主名簿管理人を設置する旨を定めた上で、会社と当該管理人の間で委託契約を締結することになる。なお、上場会社における株主名簿管理人については一定の指定がなされているが（有価証券上場規程205条8号、有価証券上場規程施行規則212条7項等）、非上場会社における株主名簿管理人については、資格等の要件はない。

(2) 登記手続

　実際に株主名簿管理人を設置した場合には、株主名簿管理人の氏名・名称、住所と営業所（会社法911条3項11号）について変更登記をしなければならない（会社法915条1項）。

　当該登記申請には、株主名簿管理人を設置する旨の定款変更の決議をした

株主総会議事録を添付することになる（商業登記法64条）。

記載例2-48　議案：株主名簿管理人の設置

第○号議案　定款一部変更（株主名簿管理人）の件

　議長は、当社の株式事務を適切に遂行するため、以下のとおり株主名簿管理人を置く旨の定款第○条を新設し、第○条以下を1条ずつ繰り下げたい旨を述べ、その理由を詳細に説明した上で、その可否を諮ったところ、出席株主の議決権の3分の2以上の賛成により承認可決された。

現行	変更案
（新設）	第○条（株主名簿管理人） 　当会社は、株主名簿管理人を置く。

8. ストックオプションの発行

(1) アウトライン

　役員の業績に対するインセンティブとして、いわゆるストックオプションである新株予約権を発行する場合には、募集新株予約権の募集事項の決定（会社法238条1項）のほかに、新株予約権報酬としての株主総会の普通決議が必要となる（会社法361条1項4号）。加えて、特に有利な条件で発行する場合には、有利発行として株主総会の特別決議が必要となる（会社法238条2項、309条2項6号）。なお、付与されるストックオプションに関して新株予約権報酬に関する決議が行われていれば、有利発行には当たらないと整理されるため、有利発行の決議を要する例は多くない。これは対象が従業員の場合も同様であり、ストックオプションの公正価値に相当する勤労等の対価を見込むことができる限り、ストックオプションの対価（会社法238条1項2号）が無償であることのみをもって有利発行ということにはならない。

　非金銭報酬の付与に関する株主総会の決議の内容は、報酬の具体的な内容

として募集新株予約権の内容と付与する数等であり（会社法361条1項4号、会社法施行規則98条の3）、株主総会議事録にはそれらを記載する必要がある。

(2) 登記手続

新株予約権を発行した場合には、新株予約権の数等（会社法911条3項12号）について変更登記をしなければならない（会社法915条1項）。

当該登記申請には、募集事項の決議を行った機関に応じて、株主総会議事録または取締役会議事録を添付することになる（商業登記法46条2項）。

記載例2-49　議案：役員への新株予約権の発行

第○号議案　取締役に対する新株予約権の発行の件

議長は、業務執行取締役である鈴木一郎および佐藤二郎に対して業績向上へのインセンティブとして新株予約権を発行したい旨を説明し、既存の金銭報酬とは別に、別紙要綱記載の新株予約権各100個を付与することならびに、内容の相当性について説明し、その可否を諮ったところ、出席株主の議決権の過半数の賛成により承認可決された。

9. 買収防衛策の導入

買収防衛策とは、会社が敵対的な買収を阻止するために事前に準備する方策をいい、さまざまな手法があるが、平成17（2005）年5月に経済産業省と法務省が共同で発表した「企業価値・株主共同の利益の確保又は向上のための買収防衛策に関する指針」[39]においては、ⅰ）企業価値・株主共同の利益の確保・向上の原則、ⅱ）事前開示・株主意思の原則、ⅲ）必要性・相当性確保の原則を確保する必要があるとされ、現在は同指針に沿った事前警告型ライツ

---

[39] https://www.meti.go.jp/policy/economy/keiei_innovation/keizaihousei/pdf/3-shishinn-honntai-set.pdf

プランが主流である。

　買収防衛策には一定の期限を設け、当該防衛策を継続することについて、株主総会の普通決議によって株主の意思を確認するのが一般的である。

記載例2-50　議案：買収防衛策の導入

> 　　　　　　　　第○号議案　買収防衛策導入の件
>
> 　議長は、今般の資本市場の動向を踏まえ、当社の株主共同の利益を確保するため、別紙のとおりの買収防衛策を導入したい旨とその内容を説明した上で、その可否を諮ったところ、出席株主の議決権の過半数の賛成により承認可決された。

Ⅲ-5　組織再編関係

　合併等の組織再編行為は、原則として消滅株式会社等・存続株式会社等がそれぞれ株主総会の特別決議による承認を受けなければならない（会社法783条1項、795条1項、804条1項、309条2項12号）。

　例外的に、簡易・略式手続を採用した場合には株主総会の決議が不要とされ、取締役会の決議等によることとなる（会社法796条1項等）。

1．吸収合併

(1) アウトライン

　吸収合併とは、会社が他の会社とする合併であって、合併によって消滅する会社の権利義務の全部を合併後存続する会社に承継させるものをいう（会社法2条27号）。株式会社同士に限らず、持分会社と株式会社との間でもすることができ、どちらが存続会社・消滅会社であるかについても特段の制約はない。

以下では、株式会社同士における、簡易・略式手続によらない吸収合併を念頭に言及する。

(2) 吸収合併契約の承認

吸収合併をする場合には、吸収合併の効力発生日の前日までに消滅会社・存続会社の双方の株主総会の特別決議によって、以下を内容とする吸収合併契約の承認を受けなければならない（会社法749条1項、783条1項、795条1項、309条2項12号）。吸収合併契約の内容を網羅していれば、契約書自体の承認を受ける必要はないが、吸収合併契約書を株主総会に提出して決議を行うケースも多く、その場合、株主総会議事録には吸収合併契約書を別紙として参照するかたちで承認がなされた旨を記載することになる。

　i) 当事会社の商号・住所
　ii) 合併対価に関する事項
　iii) 消滅会社の新株予約権の承継等に関する事項
　iv) 効力発生日

(3) 登記手続

吸収合併をした場合、消滅会社については解散登記を、存続会社については変更登記をしなければならない（会社法921条）。なお、消滅会社の解散登記と存続会社の変更登記は、同時に申請する必要がある（商業登記法82条）。

存続会社の変更登記申請には、吸収合併契約の承認決議を行った存続会社・消滅会社の株主総会議事録を添付することになる（商業登記法46条2項）。

第2章　株主総会議事録

記載例2-51　議案：吸収合併契約の承認

第○号議案　株式会社ABC商事との合併契約承認の件

　議長は、当社を消滅会社とする株式会社ABC商事との合併契約について、令和○年12月1日付で締結された別紙合併契約書を提出し、内容を詳細に説明した上で、その可否を諮ったところ、出席株主の議決権の3分の2以上の賛成により承認可決された。

2. 吸収分割

(1) アウトライン

　吸収分割とは、株式会社または合同会社が事業に関して有する権利義務の全部または一部を他の会社に承継させることをいう（会社法2条29号）。吸収合併とは異なり、分割する会社は株式会社または合同会社に限られるが、承継する会社には制限がない。

　吸収分割では、分割の対価は分割会社に交付されるのが原則であり（会社法758条4号）、これを一般的に「物的分割」もしくは「分社型分割」という。一方、分割会社が受け取った分割の対価を分割会社の株主に剰余金の配当として分配する場合があり、これを一般的に「人的分割」もしくは「分割型分割」という（会社法758条8号ロ）。

　以下では、株式会社同士における、簡易・略式手続によらない吸収分割を念頭に言及する。

(2) 吸収分割契約の承認

　吸収分割をする場合には、吸収分割の効力発生日の前日までに分割会社・承継会社の双方の株主総会の特別決議によって、以下を内容とする吸収分割契約の承認を受けなければならない（会社法758条・783条1項、795条1項、309条2項12号）。吸収分割契約の内容を網羅していれば、契約書自体の承認を受ける必要はないが、吸収分割契約書を株主総会に提出して決議を行う

- 118 -

ケースも多く、その場合、株主総会議事録には、吸収分割契約書を別紙として
参照するかたちで承認がなされた旨を記載することになる。

i) 当事会社の商号・住所

ii) 承継会社が承継する権利義務等に関する事項

iii) 分割会社の株式を承継会社に承継させるときは、当該株式に関する事項

iv) 承継会社が分割会社に金銭等を交付するときは、当該金銭等に関する事項

v) 分割会社の新株予約権に代わる承継会社の新株予約権を交付する場合には、その内容および割当てに関する事項

vi) 効力発生日

vii) いわゆる人的分割（会社法758条8号）とするときは、その旨

(3) 登記手続

　吸収分割をした場合、分割会社・消滅会社はそれぞれ変更登記をしなければならない（会社法923条）。なお、分割会社・承継会社の各変更登記は同時に申請する必要がある（商業登記法87条2項）。

　承継会社の変更登記申請には、吸収分割契約の承認決議を行った分割会社・承継会社の株主総会議事録を添付することになる（商業登記法46条2項）。

記載例2-52　議案：吸収分割契約の承認

第○号議案　甲野電気株式会社との吸収分割契約承認の件

　議長は、当社の電線敷設事業を甲野電気株式会社に分割する吸収分割契約について、令和○年12月1日付で締結された別紙吸収分割契約書を提出し、内容を詳細に説明した上で、その可否を諮ったところ、出席株主の議決権の3分の2以上の賛成により承認可決された。

---

3. 新設分割

(1) アウトライン

　新設分割とは、1つもしくは複数の株式会社または合同会社が事業に関して有する権利義務の全部または一部を分割によって設立する他の会社に承継させることをいう（会社法2条30号）。吸収分割と異なり、1回の新設分割で複数の分割会社から1つの新設会社に権利義務を承継させることが可能であり、これを共同新設分割という。また、吸収分割と同様に、分割する会社は株式会社または合同会社に限られるが、承継する会社には制限がない。

　新設分割でも、吸収分割と同様に、分割の対価は分割会社に交付されるのが原則であり（会社法763条1項6号）、これを一般的に「物的分割」もしくは「分社型分割」という。一方、分割会社が受け取った分割の対価を分割会社の株主に剰余金の配当として分配することを、一般的には「人的分割」もしくは「分割型分割」という（会社法763条1項12号ロ）。

　以下では、株式会社が単独で株式会社を設立する、簡易手続によらない新設分割を念頭に言及する。

(2) 新設分割計画の承認

　新設分割をする場合には、分割会社の株主総会の特別決議によって、以下を内容とする新設分割計画の承認を受けなければならない（会社法763条・804条1項、309条2項12号）。新設分割計画の内容を網羅していれば、計画書自体の承認を受ける必要はないが、新設分割計画書を株主総会に提出して決議を行うケースも多く、その場合、株主総会議事録には新設分割計画書を別紙として参照するかたちで承認がなされた旨を記載することになる。

　　i）新設会社の目的・商号・本店の所在地・発行可能株式総数等の定款記載事項

　　ii）新設会社の設立時取締役の氏名

　　iii）新設会社の機関設計に応じた設立時役員等の氏名・名称

　　iv）新設会社が分割会社から承継する資産等に関する事項

Ⅲ 各議案等の記載例とポイント

ⅴ) 新設会社が分割会社に株式・社債等を交付するときには、当該株式・社債等に関する事項

ⅵ) 分割会社の新株予約権者への割当て等に関する事項

ⅶ) いわゆる人的分割（会社法763条12号）とするときには、その旨

(3) 登記手続

　新設分割をした場合、新設会社については設立登記を、分割会社については変更登記をしなければならない（会社法924条）。なお、新設会社の設立登記と分割会社の変更登記は同時に申請する必要がある（商業登記法87条2項）。

　新設会社の登記申請には、新設分割計画の承認決議を行った分割会社の株主総会議事録を添付することになる（商業登記法46条2項）。

記載例2-53　議案：新設分割計画の承認

第○号議案　新設分割計画承認の件

　議長は、当社の携帯電話販売事業を新設する会社に分割する新設分割計画について、令和○年12月1日付で作成した別紙新設分割計画書を提出し、内容を詳細に説明した上で、その可否を諮ったところ、出席株主の議決権の3分の2以上の賛成により承認可決された。

4. 株式交換

(1) アウトライン

　株式交換とは、株式会社がその発行済株式の全部を他の株式会社または合同会社に取得させることをいう（会社法2条31号）。株式交換をすることができるのは株式会社のみであり、株式交換の相手となり得るのは株式会社または合同会社に限られる。

　以下では、株式会社同士における、簡易・略式手続によらない株式交換を

念頭に言及する。

(2) 株式交換契約の承認

株式交換をする場合には、当事会社の株主総会の特別決議によって、以下を内容とする株式交換契約の承認を受けなければならない（会社法768条1項、783条1項、795条1項、309条2項12号）。株式交換契約の内容を網羅していれば、契約書自体の承認を受ける必要はないが、株式交換契約書を株主総会に提出して決議を行うケースも多く、その場合、株主総会議事録には株式交換契約書を別紙として参照するかたちで承認がなされた旨を記載することになる。

　i) 当事会社の商号・住所

　ii) 株式交換の対価に関する事項

　iii) 完全子会社の新株予約権の承継等に関する事項

　iv) 効力発生日

(3) 登記手続

株式交換をした旨は登記すべき事項とされておらず、株式交換をした場合であっても、当然に登記をしなければならないわけではない。ただし、株式交換によって完全親会社が新株式を発行した場合には完全親会社の発行済株式数（会社法911条3項9号）について、完全子会社の新株予約権を完全親会社が承継した場合には完全親会社・完全子会社はそれぞれで新株予約権の数（会社法911条3項12号）等について変更登記をしなければならない（会社法915条1項）。なお、新株予約権を承継した場合の完全親会社と完全子会社の各変更登記は同時に申請する必要がある（商業登記法91条2項）。

必要に応じて行う完全親会社の変更登記申請には、株式交換契約の承認決議を行った完全親会社・完全子会社の株主総会議事録を添付することになる（商業登記法46条2項）。

Ⅲ 各議案等の記載例とポイント

記載例2-54　議案：株式交換契約の承認

第○号議案　株式会社乙野自動車との株式交換契約承認の件

　議長は、当社を完全子会社とし、株式会社乙野自動車を完全親会社とする株式交換契約について、令和○年12月1日付で締結された別紙株式交換契約書を提出し、内容を詳細に説明した上で、その可否を諮ったところ、出席株主の議決権の3分の2以上の賛成により承認可決された。

---

5. 株式移転

(1) アウトライン

　株式移転とは、1つもしくは複数の株式会社が発行済株式の全部を新たに設立する株式会社に取得させることをいう（会社法2条32号）。株式交換と異なり、1回の株式移転で複数の株式会社から1つの新設会社に株式を移転させることが可能であり、これを共同株式移転という。また、株式交換と同様に、株式移転をする会社は株式会社に限られ、新設会社も株式会社に限られる。なお、株式移転については、簡易・略式手続は設けられていない。

　以下では、1つの株式会社が単独で行う株式移転を念頭に言及する。

(2) 株式移転計画の承認

　株式移転をする場合には、株式移転完全子会社の株主総会の特別決議によって、以下を内容とする株式移転計画の承認を受けなければならない（会社法773条・804条1項、309条2項12号）。株式移転計画の内容を網羅していれば、計画書自体の承認を受ける必要はないが、株式移転計画書を株主総会に提出して決議するケースも多く、その場合、株主総会議事録には株式移転計画書を別紙として参照するかたちで承認がなされた旨を記載することになる。

　　i) 新設会社の目的・商号・本店の所在地および発行可能株式総数等の定款記載事項

ii）新設会社の設立時取締役の氏名

iii）新設会社の機関設計に応じた設立時役員等の氏名・名称

iv）株式移転の対価として発行する株式・資本金等に関する事項

v）新設会社が株式移転の対価として社債等を交付するときには、当該社債等に関する事項

vi）完全子会社の新株予約権者への新株予約権の割当て等に関する事項

(3) 登記手続

　株式移転をした旨自体は登記すべき事項とされていないが、完全親会社となる新設会社については設立登記を（会社法925条）、完全子会社については新設会社が新株予約権の承継をした場合に限り、新株予約権の数（会社法911条3項12号）等の変更登記をしなければならない。なお、新株予約権を承継した場合、新設会社の設立登記と完全子会社の変更登記は同時に申請する必要がある（商業登記法91条2項）。

　新設会社の設立登記申請には、株式移転計画の承認決議を行った株主総会議事録を添付することになる（商業登記法46条2項）。

記載例2-55　議案：株式移転計画の承認

第○号議案　株式移転計画承認の件

　議長は、当社の全株式を新設する会社に取得させる株式移転計画について、令和○年12月1日付で作成した別紙株式移転計画書を提出し、内容を詳細に説明した上で、その可否を諮ったところ、出席株主の議決権の3分の2以上の賛成により承認可決された。

6.　株式交付

(1) アウトライン

　株式交付とは、株式会社が他の株式会社をその子会社とするために当該他

の株式会社の株式を譲り受け、当該株式の譲渡人に対しその株式の対価とし
て当該株式会社の株式を交付することをいう（会社法2条32号の2）。株式交
換と異なり、子会社とする会社の全株式を取得する必要はなく、50％を超え
る株式を保有することとなるものであれば足りる（会社法施行規則4条の2・
3条3項1号）。

　株式交付子会社となる会社では、特段の機関決定を要さず、株式交付子会
社の株主は、株式交付計画に基づく株式交付親会社からの通知に基づき、株
式譲渡の申込みを行うか否かを自由に選択することができ、結果として、株
式交付計画において定めた譲受株式数の下限の申込みがなかった場合（会社
法774条の10）や、効力発生日に株式交付親会社が給付を受けた株式数が下
限に満たない場合には、株式交付の効力は生じない（会社法774条の11第5
項）。また、株式交換と同様に、株式交付をする会社は株式会社に限られ、子
会社とする会社も株式会社に限られる。なお、株式交付については、簡易手続
は設けられているものの（会社法816条の4）、略式手続は設けられていない。

(2) 株式交付計画の承認

　株式交付をする場合には、株式交付親会社の株主総会の特別決議によっ
て、以下を内容とする株式交付計画の承認を受けなければならない（会社法
774条の3・816条の3第1項、309条2項12号）。決議内容が株式交付計画の内
容を網羅していれば、計画書自体の承認を受ける必要はないが、株式交付計
画書を株主総会に提出して決議する場合には、株主総会議事録には株式交付
計画書を別紙として参照するかたちで承認がなされた旨を記載することにな
る。

　　i）株式交付子会社の商号・住所

　　ii）株式交付に際して譲り受ける株式交付子会社の株式の数の下限

　　iii）株式交付の対価として発行する株式および資本金等に関する事項

　　iv）株式交付の対価として株式以外の社債・新株予約権・金銭等を交付
　　　　するときは、当該金銭等に関する事項

　　v）株式交付に際して株式交付子会社の新株予約権を譲り受けるときは、

当該新株予約権の内容・数と対価に関する事項

vi) 株式交付子会社の株式・新株予約権等の譲渡しの申込みの期日

vii) 効力発生日

(3) 登記手続

　株式交付をした旨は登記すべき事項とされておらず、株式交付をした場合であっても、当然に登記をしなければならないわけではない。ただし、株式交付親会社について、株式交付または株式交付に際して譲り受けた新株予約権の対価として、新株式を発行した場合には発行済株式数（会社法911条3項9号）や資本金（会社法911条3項5号）について、新株予約権を交付した場合には新株予約権（会社法911条3項12号）の変更登記をしなければならない（会社法915条1項）。

　必要に応じて行う株式交付親会社の変更登記申請には、株式交付計画の承認決議を行った株主総会議事録を添付することになる（商業登記法46条2項）。

記載例2-56　議案：株式交付計画の承認

第○号議案　株式会社乙野自動車との株式交付計画承認の件

　議長は、株式会社乙野自動車を子会社とする株式交付計画について、令和○年12月1日付で作成した別紙株式交付計画書を提出し、内容を詳細に説明した上で、その可否を諮ったところ、出席株主の議決権の3分の2以上の賛成により承認可決された。

7.　事業譲渡等

(1) アウトライン

　事業譲渡等とは、当事会社間の契約による個別の財産・債務等の移転の集合体であり、包括承継とされる合併とは異なり、どの資産・負債や債権・債

務を移転するかは当事会社が自由に決定することができる。

　事業譲渡等について、基本的に登記の申請は要しない。

(2) 事業譲渡等契約の承認

　以下の事業譲渡等をする場合には、当事会社の株主総会の特別決議による承認を受けなければならない（会社法467条1項、309条2項11号）。

　　i) 事業の全部の譲渡

　　ii) 事業の重要な一部の譲渡（譲渡資産の帳簿価額が総資産額の5分の1以内のものを除く）

　　iii) 子会社の株式または持分の全部または一部の譲渡で、譲渡株式の帳簿価額が株式会社の総資産額の5分の1を超え、かつ効力発生日に当該子会社の議決権の総数の過半数の議決権を有しなくなるとき

　　iv) 他の会社の事業の全部の譲受け

　　v) 事業の全部の賃貸、事業の全部の経営の委任、他人と事業上の損益の全部を共通にする契約その他これらに準ずる契約の締結・変更・解約

　　vi) 事後設立（対価の帳簿価額が純資産額の5分の1以内のものを除く）

　決議する事業譲渡等契約の内容については、吸収合併契約等のような法定された事項はないが、事業譲渡等契約の性質上、少なくとも譲渡等する事業やそれに属する資産・負債等を明らかにする必要がある。事業譲渡等契約書を株主総会に提出して決議を行うケースも多く、その場合、株主総会議事録には事業譲渡等契約書を別紙として参照するかたちで承認がなされた旨を記載することになる。

第2章　株主総会議事録

記載例2-57　議案：事業譲渡

　　第○号議案　丙野重工株式会社との事業譲渡契約承認の件

　議長は、当社の金属加工事業を丙野重工株式会社に譲渡する事業譲渡契約について、令和○年12月1日付で締結された別紙事業譲渡契約書を提出し、内容を詳細に説明した上で、その可否を議場に諮ったところ、出席株主の議決権の3分の2以上の賛成により承認可決された。

記載例2-58　議案：重要子会社株式の譲渡

　　第○号議案　甲野データサービス株式会社の株式の譲渡契約承認の件

　議長は、当社が発行済株式の75％を保有する子会社の甲野データサービス株式会社の株式のうち3万株（発行済株式の40％）を丁田テクノロジー株式会社へ譲渡する株式譲渡契約について、令和○年12月1日付で締結された別紙株式譲渡契約書を提出し、内容を詳細に説明した上で、その可否を諮ったところ、出席株主の議決権の3分の2以上の賛成により承認可決された。

第3章
取締役会議事録

Ⅰ 取締役会のポイント

　ここでは、取締役会について、その概要と取締役会議事録作成の前提となる基本的な知識を整理する。

1. 意義等

(1) アウトライン

　取締役会とは、すべての取締役で組織され、会社の業務執行の決定と、取締役の職務の執行を監督する、株式会社固有の機関である（会社法362条）。

(2) 設置

　取締役会は、株式会社に必置の機関ではないが定款の定めによって設置することができる（会社法326条2項）。ただし、ⅰ）公開会社（会社法2条5号）、ⅱ）監査役会設置会社（会社法2条10号）、ⅲ）監査等委員会設置会社（会社法2条11号の2）、ⅳ）指名委員会等設置会社（会社法2条12号）については、取締役会の設置が義務付けられている（会社法327条1項）。

(3) 構成

　取締役会は、3名以上の取締役で構成される（会社法331条5項）。

　監査役については、取締役の職務執行の監査を適切に行うため取締役会への出席義務はあるが（会社法383条1項）、取締役会での議決権はない。なお、非公開会社において、定款の定めによって監査の範囲を会計監査に限定した

- *129* -

監査役は、取締役会への出席義務はないものの、必要に応じて出席すること
はできる（会社法389条1項・7項）。

(4) 職務

取締役会の職務は、ⅰ）重要な業務執行の決定、ⅱ）取締役の職務執行の監
督、ⅲ）代表取締役の選定・解職である（会社法362条2項）

2. 報告事項と決議事項

取締役会の目的事項には、報告事項と決議事項がある。

取締役会への報告事項としては、取締役の競業取引・利益相反取引・補償
を行った場合（会社法365条2項、430条の2第5項）や月次決算等が挙げられ
る。また、代表取締役と業務執行取締役は、3か月に1回以上の頻度で自己の
職務執行の状況を取締役会に報告しなければならないとされている（会社法
363条2項）。報告事項は決議事項と異なり、取締役に賛否を問うものではな
く、各取締役から同意を得る必要もない。

取締役会の決議事項としては、重要な業務執行の決定に関する事項が挙げ
られる。これらは、監査等委員会設置会社・指名委員会等設置会社の例外を
除き（会社法399条の13第5項、416条4項）、各取締役へ委任することは認め
られていない（会社法362条4項）。

取締役会の重要な業務執行の決定に関する主な事項は以下のとおりであ
る。

表3-1　取締役会の重要な業務執行の決定に関する主な事項

決議事項	会社法
譲渡制限株式の譲渡の承認、指定買取人の指定	139条1項、140条5項
自己株式の取得価格等の決定	157条2項
子会社からの株式の取得	163条
取得条項付株式の取得日または取得する株式の決定	168条1項、169条2項
自己株式の消却	178条2項

I 取締役会のポイント

決議事項	会社法
株式分割	183条2項
株式分割時の発行可能株式総数を増加する定款変更	184条2項
株式無償割当てに関する事項の決定	186条3項
株式分割時の単元株式数を設定または増加する定款変更	191条
単元株式数の減少または廃止についての定款変更	195条1項
所在不明株主の株式の買取り	197条4項
公開会社における募集株式の発行の募集事項の決定	201条1項、202条3項3号
譲渡制限株式の割当てを受ける者の決定	204条2項
1株に満たない端数の買取り	234条5項
公開会社における新株予約権の発行の募集事項の決定	240条1項、241条3項3号
譲渡制限株式を目的とする募集新株予約権または譲渡制限新株予約権の割当てを受ける者の決定	243条2項
譲渡制限新株予約権の譲渡の承認	265条1項
取得条項付新株予約権の取得日または取得する新株予約権の決定	273条1項、274条2項
自己新株予約権の消却	276条2項
新株予約権無償割当てに関する事項の決定	278条3項
株主総会招集の決定	298条4項
取締役の個人別の報酬等の内容についての決定に関する方針の決定	361条7項
会社と取締役間の訴訟における代表者の選定	364条
競業・利益相反取引の承認	365条1項
取締役会の招集権者の決定	366条1項ただし書
特別取締役による議決の定め	373条1項
業務の執行の社外取締役への委託	348条の2第1項・2項
補償契約の内容の決定	430条の2第1項
役員等賠償責任保険契約の内容の決定	430条の3第1項
計算書類・事業報告・附属明細書の承認	436条3項
臨時計算書類の承認	441条3項
連結計算書類の承認	444条5項
募集株式の発行と同時にする資本金・準備金の額の減少	447条3項、448条3項
中間配当の決定	454条5項

決議事項	会社法
一定要件を満たす場合の剰余金の配当の決定	459条1項

　いわゆる上場企業においては、コーポレートガバナンス・コード（以下「CGコード」という）[40]により一定の事項を取締役会で決定すべきこと等が定められており、具体例を挙げると以下のとおりである。

　　i) 株主総会において相当数の反対票が投じられた会社提案議案についての原因分析（CGコード1-1①）

　　ii) 政策保有株式の保有目的・保有に伴う便益やリスクと資本コストの適合の検証（CGコード1-4）

　　iii) 関連当事者間の取引の承認・監視（CGコード1-7）

　　iv) 会社の行動準則の策定・改訂、実践状況のレビュー（CGコード2-2・2-2①）

　　v) サステナビリティをめぐる課題の検討と基本方針の策定（CGコード2-3①・4-2②）

　　vi) 内部通報体制の整備と運用状況の監視（CGコード2-5）

　　vii) 経営理念等の決定（CGコード4-1）

　　viii) CEO等の後継者計画の策定と運用（CGコード4-1③）

　　ix) 取締役会全体の実効性についての分析・評価（CGコード4-11③）

　　x) 事業ポートフォリオに関する基本的な方針の決定（CGコード5-2①）

3. 招集

(1) 招集権者

　取締役会は、各取締役が招集するのが原則であるが、取締役会を招集する取締役を定款または取締役会で定めたときには、当該取締役が招集することになる（会社法366条1項）。これは、各取締役が自由に取締役会を招集できるとすると無用な混乱を招くおそれがあることから、一定の招集権者を定めることができるとしたものであり、実務的には招集権者をあらかじめ定めておくのが一般的である。

40　https://www.jpx.co.jp/news/1020/nlsgeu000005ln9r-att/nlsgeu000005lne9.pdf

招集権者として定められた取締役がその任務を怠り、取締役会を招集しないことも考えられるので、招集権者でない取締役は招集権者に対し、取締役会の目的事項を示して取締役会の招集を請求することができる（会社法366条2項）。

監査役設置会社の監査役は、取締役が不正の行為をし、もしくは当該行為をするおそれがあると認めるとき、または法令・定款に違反する事実もしくは著しく不当な事実があると認めるときには、取締役（招集権者の定めがあるときは当該招集権者）に対し、取締役会の招集を請求することができる（会社法383条2項）。

(2) 招集時期

取締役会を招集する者は、取締役会の日の1週間前までに、各取締役と監査役設置会社では各監査役に対して通知を発しなければならない（会社法368条）。1週間前までというのは、招集通知の発送日と取締役会の日の間に中7日あることをいう。例えば、6月28日に取締役会を開催する場合には、少なくとも6月20日より前に招集通知を発しなければならないということになる。なお、招集期間は定款に定めを設けることで短縮することができる（会社法368条1項かっこ書）。

取締役および監査役の全員の同意がある場合には、招集の手続を経ることなく取締役会を開催できる（会社法368条2項）。また、取締役および監査役の全員が参集しているところで、その全員が同意すれば、招集の手続を経ていなくとも有効な取締役会になるとされる[41]。

(3) 招集通知の内容

取締役会の招集通知の内容については、株主総会と異なり（会社法299条4項参照）、法令に格別の規定はないことから、目的事項を招集通知に記載することも不要であり、仮に目的事項の記載があった場合でも、その記載事項以外を取り上げることも認められる。ただし、実務的には、出席者が事前の検討

41　最判昭31・6・29民集10巻6号774頁

第3章　取締役会議事録

を行い、的確な審議を行うために、目的事項の概要と関連資料をあらかじめ
提供すべきである。

(4) 招集通知の方法

　取締役会の招集通知の方法については、株主総会と異なり（会社法299条2
項・3項参照）、法令に格別の規定はないことから、書面に限られず、口頭・電
話・電子メール等でも認められる。ただし、実務的には、行き違い等のないよ
うに、記録の残る方法を採用すべきである[42]。

記載例3-1　取締役会の招集通知

令和○年8月23日

取締役・監査役各位

東京都千代田区麹町○丁目○番地
和暦建設株式会社
代表取締役　睦月　一郎

取締役会招集通知

　以下のとおり、取締役会を開催いたしますのでご通知いたします。

1. 日　　時　　　　令和○年8月31日（月曜日）午前11時
2. 場　　所　　　　当社本店会議室
3. 議　　題　　　　第1号報告　　○○の件
　　　　　　　　　　　　　　　～略～
　　　　　　　　　　第1号議案　　○○の件
　　　　　　　　　　　　　　　～略～

＜資料＞
(1) ○月度月次決算データ
(2) ○○規程（案）

---

[42] CGコード4-12①

- 134 -

（3）○○契約書（案）

4. 決議方法

取締役会の決議は、議決に加わることができる取締役の過半数が出席し、その過半数をもって行う（会社法369条1項）。つまり、議決に加わることができる取締役の過半数が出席することで定足数を満たし、出席した取締役の過半数の賛成を得ることで議案の可決がなされるということになる。なお、定足数・可決要件のどちらも定款で加重することはできるが、軽減することはできない（会社法369条1項かっこ書）。

取締役会の決議について特別の利害関係を有する取締役は、議決に加わることができず（会社法369条2項）、定足数の算定からも除外される（会社法369条1項）。特別の利害関係を有するか否かは議案ごとに異なることから、議案ごとに、特別の利害関係を有する取締役を明らかにする必要がある。また、議長である取締役が特別の利害関係を有する議題については、審議の公正を期する観点から、他の取締役と議長を交代することが必要であるとされ、意見陳述を行うことはできないほか、退席を要求されれば、それに従わなければならないとされる[43]。

5. 決議・報告の省略

取締役会は、会議体として実際に開催（以下「実開催」という）するのが原則である。しかし、スケジュール調整が困難であったり、外国等の遠方に取締役等がいるなど、取締役会を実開催することが難しいケースも考えられる。そこで、一定の場合に取締役会を実開催することなく、取締役会の決議や報告があったものとみなすことができる制度が設けられている。これらを取締役会の決議の省略（会社法370条。以下「決議の省略」という）、取締役会の報告の省略（会社法372条1項。以下「報告の省略」という）という。また、実務

---

[43] 江頭・株式436頁

上、これらについて、それぞれ「書面決議」「みなし決議」や「書面報告」「みなし報告」と呼ばれることもある。

　決議の省略や報告の省略がなされた場合であっても、取締役会議事録の作成は必要とされている（会社法370条・372条1項、会社法施行規則101条4項）。

(1) 決議の省略

　ある取締役が取締役会の決議の目的である事項について提案をし、当該提案につき取締役全員が書面または電磁的記録によって同意の意思表示を行い、かつ監査役設置会社にあっては監査役が当該提案について異議を述べなかったときには、当該提案を可決する旨の取締役会の決議があったものとみなされる（会社法370条）。なお、決議の省略を行うためには、その前提として決議の省略を認める定款の定めが必要である。

　決議の省略があったものとみなされる日は、決議の省略に際して同意が必要とされる者全員の意思表示が提案者に到達したときであることから、全取締役のうち最終の取締役からの同意の意思表示が到達した日ということになる。

　監査役の異議について、仮に異議がない場合には積極的な意思表明は必須ではないが、実務的には、法的安定性を考慮して、異議の有無にかかわらず監査役の意思表明に関する書面等の提出を求めるべきである。

　取締役からの不同意や監査役の異議の意思表明について、その理由等を述べることは要しないが、実務的には、理由等を記載させる例も見られる。

　決議の省略において、同意の意思表示を要するのは、法令上当該事項について議決に加わることができる取締役に限るとされているため（会社法370条かっこ書）、特別利害関係を有する取締役の同意を得る必要はなく、したがって、提案書を送付する必要もない。なお、提案者自身についても特別の利害関係を有する取締役である場合を除き、同意の意思表示が必要である。

　決議の目的事項を提案できる取締役については、法令上特段の制約はないことから、提案事項に特別利害関係を有する取締役であっても提案すること

自体は認められる。

(2) 報告の省略

　取締役・会計参与・監査役・会計監査人から取締役全員に、かつ監査役設置会社にあっては監査役全員に対し、取締役会に報告すべき事項を通知したときには、当該事項を取締役会で報告することを要しないものとされる（会社法372条1項）。ただし、代表取締役および業務執行取締役が、3か月に1回以上の頻度で行うこととされている自己の職務執行の状況の取締役会への報告（会社法372条2項）については、報告の省略によることはできない。なお、決議の省略と異なり、報告の省略を認める定款の定めは要しない。

6. オンライン会議システム等の利用

　オンライン会議システム等を利用した取締役会も認められる。この場合、決議の省略や報告の省略と異なり（会社法370条・372条参照）、実開催の取締役会ということになる。

　オンライン会議システム等を利用するには、出席者の音声や画像が即時に他の出席者に伝わり、互いに適時的確に意見表明ができなければならない。つまり、即時性と双方向性が確保され、相互のコミュニケーションを図ることのできる状況を設定できる装置が必要ということになる[44]。

Ⅱ 取締役会議事録のポイント

　ここでは、取締役会議事録の作成等のポイントを解説した上で、各種議事録の記載例を掲載する。

44　平14・12・18民商3044号回答

第3章　取締役会議事録

1. 作成者

　取締役会議事録については、議事録作成者に関する法令の規定はない。会社法上、出席した取締役および監査役に署名義務があり（会社法369条3項）、それをもって内容の真実性は担保されるためである。なお、定款や取締役会規程に作成者の定めがあれば、それに従うことになる。

2. 作成時期

　取締役会議事録の作成時期について、法令の規定はないが、商業登記申請に取締役会議事録を添付する場合があり、当該登記申請は原則として登記事項に変更が生じたときから2週間以内にしなければならないことから（会社法915条1項）、この場合には当然、当該期間内に取締役会議事録を作成する必要がある。

　登記期間による制約がない場合でも、当該取締役会の日から10年間、取締役会議事録を本店に備え置かなければならないことから（会社法371条1項）、速やかに作成しなければならないということになる。

3. 実開催における記載事項

　取締役会を実開催した場合の取締役会議事録の記載事項は、次のとおりである。

(1) 標題

　取締役会議事録の標題については、他の議事録と同様に法定の記載事項ではないが、後日の検索性向上のために「取締役会議事録」と冠記するのが一般的である。なお、事業年度ごとに「第〇回」といった回次や、「〇月度」といった月次を記載する例や、定例会と臨時会の別を記載する例も見られる。

(2) 日時

　取締役会が開催された日時を記載しなければならない（会社法施行規則101条3項1号）。なお、年次については西暦・和暦のどちらで記載しても差し支えず、例えば「令和4（2022）年」といったように両者を併記する例も見られる。時刻については、午前・午後を表記する、いわゆる12時間制でも、例えば「15時」と表記する、いわゆる24時間制での記載でも差し支えない。

(3) 場所

　取締役会が開催された場所を記載しなければならない（会社法施行規則101条3項1号）。具体的には、場所が特定されれば差し支えなく、「当社本店会議室」といった記載をすることで足りる。ただし、会社の本店以外で開催された場合には、場所の名称に加えて住所を併記する例も見られる。

　オンライン会議システム等を利用して取締役会を行った場合には、遠隔地等から参加した取締役等について、その出席の方法を記載しなければならない（会社法施行規則101条3項1号かっこ書）。なお、取締役会は、場所を前提とする会議体であるため、全員が自宅等からオンライン会議システム等により参加するような場合には、議長の所在場所を開催場所として、そこを起点に各取締役等がオンライン会議システム等により出席するというかたちで開催することになる[45]。

(4) 出席役員等

　取締役会に出席した執行役・会計参与・会計監査人・株主がいる場合には、その氏名・名称を記載しなければならない（会社法施行規則101条3項7号）。なお、オンライン会議システム等を利用して取締役会を行った場合には、遠隔地等において参加した者も出席者であることから、その氏名・名称を記載することになる（会社法施行規則101条3項1号かっこ書）。

　取締役会に出席した取締役・監査役については、取締役会議事録に署名義務を負うため（会社法369条3項）、議事録の記載事項とされていないが、取締役・監査役の総数と出席取締役・監査役の数を記載するのが一般的である。

---

[45]　弥永・コンメ561頁

(5) 特別利害関係取締役

　取締役会の決議を要する事項について特別の利害関係を有する取締役があるときには、その氏名を記載しなければならない（会社法施行規則101条3項5号）。実務上は、特別の利害関係を有する取締役の欄を別に設けるのではなく、各議案の箇所において、「取締役○○は特別利害関係人に該当するため、議決権を行使しなかった」などと記載する例が多い。

(6) 議長

　取締役会に議長がいる場合には、その氏名を記載しなければならない（会社法施行規則101条3項8号）。

　取締役会の議長は、法令上必ずしも求められるものではないが、会議の進行等を勘案して議長を置くのが一般的である。議長の選定方法としては、ⅰ）定款の定め、ⅱ）取締役会規程の定め、ⅲ）会議の都度、取締役の互選によることが考えられる。

(7) 議事の経過の要領・結果

　取締役会の議事の経過の要領およびその結果を記載しなければならない（会社法施行規則101条3項4号）。

　議事の経過の要領として次の事項が挙げられるが、取締役会の出席者の発言を一言一句記載する必要はなく、あくまで、要約した内容を記載すれば足りる。どの程度の要約をし、または省略をした記載とするかは、恣意的でない限り、議事録作成者の裁量に委ねられる。

(a) 開会

　開会については、議長の就任、開会を宣言した旨と開催時刻の記載がなされるのが一般的である。

(b) 資料等参照

　議事録に記載すべき事項に他の資料を参照するものがあるときには、「別紙○○のとおり…」等と記載することになる。

（c）質疑応答

　審議の中で行われた質疑応答の概要等について記載することになる。ただし、それらが「議事の経過の要領」に該当しないものであれば議事録作成者の裁量で省略しても差し支えない。

（d）発言の概要

　主要な意見等の発言があった場合には、その概要を記載することになる。なお、以下の報告については、格別の記載をしなければならない（会社法施行規則101条3項6号）。

　i）競業取引・利益相反取引についての重要な事実の報告（会社法365条2項）

　ii）株主の招集請求に基づき招集された取締役会または株主自ら招集した取締役会での当該株主の意見（会社法367条4項）

　iii）会計参与設置会社において計算書類承認にかかる取締役会での会計参与の意見（会社法376条1項）

　iv）取締役の不正の行為や法令・定款違反等があると認めるときの監査役の報告（会社法382条）

　v）取締役の職務執行について意見陳述の必要がある場合の監査役の意見（会社法383条1項）

　vi）取締役の不正の行為や法令・定款違反等があると認めるときの監査等委員の報告（会社法399条の4）

　vii）取締役・執行役の不正の行為や法令・定款違反等があると認めるときの監査委員の報告（会社法406条）

　viii）補償契約に基づく補償をした取締役等の補償の報告（会社法430条の2第4項）

（e）採決

　決議事項の採決については、その結果を明確に記載する必要がある。具体的には、「出席取締役全員が異議なく賛成し…」や「出席取締役の過半数の賛成により…」等と記載することになる。なお、議事録の記載から決議要件を満たしていることが明らかでない場合には、当該議事録を添付した

登記申請は受理されない（商業登記法24条8号）。

　取締役会議事録に異議をとどめない取締役は、決議に賛成したものと推定されるため（会社法369条5項）、当該決議事項について反対や異議を述べた取締役がいる場合には、それを明らかにすべきである。

(f) 閉会

　閉会については、議長が閉会を宣言した旨と閉会時刻の記載がなされるのが一般的である。

(8) 議事録作成者

　取締役会議事録については、出席取締役・監査役に署名義務があることから（会社法369条3項）、株主総会議事録と異なり（会社法施行規則72条3項6号参照）、議事録の作成にかかる職務を行った取締役の氏名を記載する必要はない。

(9) 署名等

　取締役会議事録が書面で作成されているときには、出席取締役・監査役が署名または記名押印（以下「署名等」という）しなければならない（会社法369条3項）。また、取締役会議事録が電磁的記録で作成されているときには、出席取締役・監査役が電子署名をしなければならない（会社法369条4項、会社法施行規則225条1項6号）。

　取締役会の議事の内容については正確性が要求され、さらに決議に参加した取締役であって、議事録に異議をとどめない者は、その決議に賛成したものと推定されることから（会社法369条5項）、出席取締役・監査役に署名等させることによって議事録の記載内容を確認させる趣旨である[46]。なお、何らかの事情により出席取締役・監査役に押印ができない者がある場合であっても、定足数と決議要件を満たす数の取締役の押印があれば、登記申請は受理される[47]。

　オンライン会議システム等を利用した場合であっても実開催には変わりな

46　落合誠一編『会社法コンメンタール8　機関(2)』306・307頁〔森本滋〕(商事法務、2009)

47　昭38・5・25民四118号回答

Ⅱ 取締役会議事録のポイント

いことから、遠隔地から参加した取締役・監査役も出席者として署名等をしなければならない。なお、非公開会社において、監査の範囲を会計監査に限定した監査役は、取締役会への出席義務はないが、出席した場合には署名等の義務を負うこととなる（会社法369条3項）。

　書面により同一の内容の取締役会議事録を数通作成し、それぞれの議事録に出席取締役および監査役のうちの一部が署名等を行った場合、これらを合わせて1通の議事録としたものも有効であるとする見解もあるものの、少なくとも、登記の添付書類としてはこの方法は認められておらず、1通の書面に全員が署名等をする必要がある[48]。

記載例3-2　取締役会議事録：実開催

令和○年8月度定例取締役会議事録

1. 日　　　　時：令和○年8月31日（月曜日）　午前10時30分
2. 場　　　　所：当社本店会議室
3. 出　席　者：取締役総数　5名　　　出席取締役数　5名
　　　　　　　　　睦月　一郎、如月　二郎、弥生　三郎、
　　　　　　　　　卯月　四郎、皐月　五郎
　　　　　　　　監査役総数　3名　　　　出席監査役数　3名
　　　　　　　　　春山　一郎、夏野　二郎、秋本　三郎
4. 議　　　　長：代表取締役　睦月　一郎
5. 議事の経過の要領および結果
　　　　　定刻、定款の定めにより代表取締役　睦月　郎が議長となり、
　　　開会を宣し、直ちに議案の審議に入った。
　　　　　　　　第1号報告　　職務執行状況の報告の件
　　　　　　　　　　　　　〜　略　〜
　　　　　　　　第1号議案　　臨時株主総会の議案の決定および招集の
　　　　　　　　　　　　　件
　　　　　　　　　　　　　〜　略　〜

　　　議長は、これをもって本日の議事を終了した旨を述べ、午前11時30分

48　昭36・5・1民四81号回答

第3章　取締役会議事録

閉会を宣し、散会した。

　以上、議事の経過の要領および結果を明確にするため、この議事録を
作成し、出席取締役・出席監査役が次に記名押印する。

令和〇年8月31日

株式会社ABC商事　取締役会

　　　　議　　　長
　　　　代表取締役　　　睦月　一郎　　　㊞

　　　　取　締　役　　　如月　二郎　　　㊞

　　　　取　締　役　　　弥生　三郎　　　㊞

　　　　取　締　役　　　卯月　四郎　　　㊞

　　　　取　締　役　　　皐月　五郎　　　㊞

　　　　監　査　役　　　春山　一郎　　　㊞

　　　　監　査　役　　　夏野　二郎　　　㊞

　　　　監　査　役　　　秋本　三郎　　　㊞

Ⅱ 取締役会議事録のポイント

記載例3-3　取締役会議事録：オンライン会議システム等の利用

令和○年10月度定例取締役会議事録

1. 日　　　　時：令和○年10月31日（月曜日）　午前10時00分
2. 場　　　　所：当会社本店会議室
3. 出　席　者：取締役総数　5名　　出席取締役数　5名
　　　　　　　　本店において出席：睦月　一郎、如月　二郎、
　　　　　　　　弥生　三郎
　　　　　　　　オンライン会議システムによる出席：卯月　四郎、
　　　　　　　　皐月　五郎
　　　　　　　　監査役総数　3名　　出席監査役数　3名
　　　　　　　　本店において出席：春山　一郎
　　　　　　　　オンライン会議システムによる出席：夏野　二郎、
　　　　　　　　秋本　三郎
4. 議　　　　長：代表取締役　睦月　一郎
5. 議事の経過の要領および結果

　　　定刻、オンライン会議システムにより、出席者の音声が即時に
　　他の出席者に伝わり、出席者が一堂に会するのと同等に適時的確
　　な意見表明が互いにできる状態となっていることが確認され、代
　　表取締役　睦月一郎が議長となり、開会を宣し、直ちに議案の審
　　議に入った。
　　　　　　第1号報告　　職務執行状況の報告の件
　　　　　　　　　～　略　～
　　　　　　第1号議案　　臨時株主総会の議案の決定および招集の
　　　　　　　　　　　　　件
　　　　　　　　　～　略　～

　　議長は、オンライン会議システムに終始異状なく、本日の議事をすべ
　て終了した旨を述べ、午前11時30分閉会を宣し、散会した。

　　以上、議事の経過の要領および結果を明確にするため、この議事録を
　作成し、出席取締役・出席監査役が次に記名押印する。

令和○年10月31日

株式会社ABC商事　取締役会

　　　　議　　　長
　　　　代表取締役　　　睦月　一郎　　　㊞

　　　　取　締　役　　　如月　二郎　　　㊞

　　　　取　締　役　　　弥生　三郎　　　㊞

　　　　取　締　役　　　卯月　四郎　　　㊞

　　　　取　締　役　　　皐月　五郎　　　㊞

　　　　監　査　役　　　春山　一郎　　　㊞

　　　　監　査　役　　　夏野　二郎　　　㊞

　　　　監　査　役　　　秋本　三郎　　　㊞

4. 決議の省略における記載事項

　決議の省略（会社法370条）の場合であっても、取締役会議事録を作成しなければならず、その記載事項は次のとおりである（会社法施行規則101条4項1号）。

(1) 標題
　実開催の場合と同様に、「取締役会議事録」と記載するのが一般的である。「第○回」や「○月度」という記載はせず、実開催でないことが一目で分かるよう「取締役会議事録（決議の省略）」と記載する例も見られる。

(2) みなし決議の内容

　取締役会の決議があったものとみなされた事項について、その内容を記載しなければならない（会社法施行規則101条4項1号イ）。

(3) 提案者

　取締役会で決議すべき事項について提案した取締役の氏名を記載しなければならない（会社法施行規則101条4項1号ロ）。

(4) 特別利害関係取締役

　提案内容について、特別の利害関係を有する取締役がいた場合であっても、当該取締役の氏名は記載事項とされておらず、同様に、当該提案内容について議決に加わることができる取締役の氏名等も、記載事項とはされていない。ただし、実務的には、後日の記録等のためにこれらの事項を記載すべきである。

(5) みなし決議日

　取締役会の決議があったものとみなされた日を記載しなければならない（会社法施行規則101条4項1号ハ）。

　決議の省略の場合、全取締役から提案者へ同意の意思表示があったときに当該提案事項について取締役会決議があったものとみなされることから、全取締役のうち最終の取締役からの同意の意思表示が提案者に到達した日を記載することになる。

(6) 議事録作成者

　決議の省略についての取締役会議事録には、議事録の作成にかかる職務を行った取締役の氏名を記載しなければならない（会社法施行規則101条4項1号ニ）。

　取締役会が実開催された場合には、作成された取締役会議事録に出席取締役・監査役が署名または記名押印しなければならないが（会社法369条3

項）、決議の省略がなされた場合には、出席した取締役・監査役が存在しないため、議事録の作成にかかる職務を行った取締役の氏名の記載が求められる。

(7) 署名等

　決議の省略（会社法370条）の場合、出席取締役・監査役は存在しないことから、署名等は要しないということになるが、当該議事録についての原本性の確保や偽造・変造の防止の観点から、議事録の作成にかかる職務を行った取締役に署名等させることは有益であると考える。

記載例3-4　取締役会決議の省略に関する提案書・回答書：取締役への提案

令和○年9月22日

取締役各位

株式会社ABC商事

取締役　睦月　一郎

提　案　書

　私は、会社法第370条および当社定款第○条の定めに基づき、取締役会決議事項に関して下記のとおり提案いたします。本提案に関して取締役全員から同意をいただき、かつ監査役全員からの異議がない場合は、本提案を可決する旨の取締役会決議があったものとみなされることになります。

　つきましては、本提案をご検討いただいた上、令和○年9月30日までにご意思を表明ください。

記

(1) 代表取締役選定の件

　　次の者を当会社の代表取締役に選定すること。

　　東京都杉並区久我山○丁目△番□号

　　代表取締役　睦月　一郎

(2) 役付取締役選定の件

〜　略　〜

Ⅱ 取締役会議事録のポイント

（3）職務代行順位決定の件
〜 略 〜

　私は、上記提案の内容を検討の上、株式会社ABC商事の取締役として次のとおり回答いたします。

提　案	提案に対して	
（1）代表取締役選定の件	同意	不同意
（2）役付取締役選定の件	同意	不同意
（3）職務代行順位決定の件	同意	不同意

令和○年9月30日

　株式会社ABC商事　取締役

　　　　　　　東京都杉並区久我山○丁目△番□号

　　　　　　　　　　睦月　一郎　　㊞

第3章　取締役会議事録

記載例3-5　取締役会決議の省略に関する提案書・回答書：監査役への提案

令和○年9月22日

監査役各位

株式会社ABC商事

取締役　睦月　一郎

提　案　書

　私は、会社法第370条および当社定款第○条の定めに基づき、取締役会決議事項に関して下記のとおり提案いたします。本提案に関して取締役全員から同意をいただき、かつ監査役全員からの異議がない場合は、本提案を可決する旨の取締役会決議があったものとみなされることになります。

　つきましては、本提案をご検討いただいた上、令和○年9月30日までにご意思を表明ください。

記

(1)　代表取締役選定の件

　　　　次の者を当会社の代表取締役に選定すること。

　　　　　東京都杉並区久我山○丁目△番□号

　　　　　代表取締役　睦月　一郎

(2)　役付取締役選定の件

〜　略　〜

(3)　職務代行順位決定の件

〜　略　〜

　私は、上記提案の内容を検討の上、株式会社ABC商事の監査役として次のとおり回答いたします。

提　案	提案に対して	
(1)　代表取締役選定の件	⟨異議なし⟩	異議あり
(2)　役付取締役選定の件	⟨異議なし⟩	異議あり
(3)　職務代行順位決定の件	⟨異議なし⟩	異議あり

令和○年9月30日

　　株式会社ABC商事　監査役

　　　　　東京都渋谷区千駄ケ谷○丁目△番□号
　　　　　　　　　　　　　　春山　一郎　㊞

記載例3-6　取締役会議事録：決議の省略

取締役会議事録
（決議の省略）

1. 取締役会の決議があったものとみなされた事項の内容
　　提案　○○の件
　　　～　略　～

2. 取締役会の決議があったものとみなされた事項の提案をした取締役
　　取締役　睦月　一郎

3. 決議事項について特別の利害関係を有する取締役
　　取締役　睦月　一郎

4. 取締役会の決議があったものとみなされた日
　　令和○年9月30日

　令和○年9月22日付で取締役である睦月一郎が当会社の取締役および監査役全員に対して本提案にかかる提案書を発し、当該提案につき、令和○年9月30日までに議決に加わることができる取締役全員から書面により同意の意思表示を、監査役全員から書面により異議がない旨の意思表示を得たので、会社法第370条および当会社定款第○条の定めに基づき、当該提案を可決する旨の取締役会の決議があったものとみなされた。

　上記のとおり、取締役会の決議の省略を行ったので、取締役会の決議

があったものとみなされた事項を明確にするため、本議事録を作成する。

令和○年9月30日

株式会社ABC商事　取締役会

　議事録の作成にかかる職務を行った取締役　　　睦月　一郎　　㊞

5. 報告の省略における記載事項

　報告の省略（会社法372条）の場合であっても、取締役会議事録を作成しなければならず、その記載事項は次のとおりである（会社法施行規則101条4項2号）。

(1) 標題
　実開催の場合と同様に、「取締役会議事録」と記載するのが一般的である。「第○回」や「○月度」という記載はせず、実開催でないことが一目で分かるよう「取締役会議事録（報告の省略）」と記載する例も見られる。

(2) みなし報告の内容
　取締役会への報告を要しないものとされた事項について、その内容を記載しなければならない（会社法施行規則101条4項2号イ）。

(3) みなし報告日
　取締役・会計参与・監査役・会計監査人が全取締役、かつ監査役設置会社にあっては全監査役に対して報告事項を通知した日を記載しなければならない（会社法施行規則101条4項2号ロ）。なお、順次に通知が行われた場合には、全取締役・監査役のうち最終の取締役もしくは監査役に通知した日を記載することとなる。

(4) 議事録作成者

報告の省略についての取締役会議事録には、議事録の作成にかかる職務を行った取締役の氏名を記載しなければならない（会社法施行規則101条4項2号ハ）。

取締役会が実開催された場合には、作成された取締役会議事録に出席取締役・監査役が署名または記名押印しなければならないが（会社法369条3項）、報告の省略がなされた場合には、出席した取締役・監査役が存在しないため、議事録の作成にかかる職務を行った取締役の氏名の記載が求められる。

(5) 署名等

報告の省略（会社法372条）の場合、出席取締役・監査役は存在しないことから、署名等は要しないということになるが、当該議事録についての原本性の確保や偽造・変造の防止の観点から、議事録の作成にかかる職務を行った取締役に署名等させることは有益であると考える。

6. 登記申請への添付

商業登記申請において、登記すべき事項につき取締役会の決議を要するときには、取締役会議事録を添付しなければならない（商業登記法46条2項）。また、決議の省略によった場合には、決議があったものとみなされた書面として、決議の省略に関する取締役会議事録（商業登記法46条3項）[49]と、その前提として決議の省略が許容されていることを証するために定款（商業登記規則61条1項）を添付することになる。

不動産登記申請において、取締役の利益相反取引に該当するときには（会社法356条・365条）、当該取引の承認がなされた取締役会議事録を添付しなければならない（不動産登記令7条5号ハ）。

登記申請に添付する取締役会議事録は原本でなければならないが、申請人もしくは申請代理人が当該議事録のコピーに「原本に相違ない」旨を記載し

49　平18・3・31民商782号通達（48頁）

て原本と同時に提出した場合には、原本の還付を請求することができる（商業登記規則49条、不動産登記規則55条）。その場合、当該登記申請に関係しない部分については、マスキングやコピーの対象としないことも許容される。

7. 備置き

　取締役会議事録は、取締役会の日から10年間、会社の本店に備え置かなければならない（会社法371条1項）。なお、株主総会議事録と異なり（会社法318条3項参照）、本店のみに備え置けば足り、支店に備え置く必要はない。

　株主および親会社の社員（会社法31条3項）は、その権利行使のために必要があるときには、裁判所の許可を得て、取締役会議事録の閲覧・謄写の請求をすることができる（会社法371条3項・5項）。例外的に監査役（会）設置会社・監査等委員会設置会社・指名委員会等設置会社以外の株主は、その権利行使のため必要があるときには、会社の営業時間内であれば、いつでも取締役会議事録の閲覧・謄写を請求することができる（会社法371条2項）。また、会社の債権者が役員・執行役の責任を追及するために必要があるときには、裁判所の許可を得て、取締役会議事録の閲覧・謄写の請求をすることができる（会社法371条4項）。ただし、裁判所は、当該請求に基づき閲覧・謄写をすることによって、会社または親会社もしくは子会社に著しい損害を及ぼすおそれがあると認めるときには、これを許可してはならない（会社法371条6項）。

Ⅲ　各議案のポイントと記載例

　ここでは、取締役会議事録に記載すべき具体的な議案についてのポイントを解説した上で、その記載例を掲載する。また、登記を要する議案に関しては、登記手続のポイントに言及することとする。

Ⅲ-1 報告事項関係

1. 職務執行状況

　代表取締役および業務執行取締役は、3か月に1回以上の頻度で自己の職務の状況を取締役会に報告しなければならない(会社法363条1項・2項)。当該報告は、実開催された取締役会で行わなければならず、報告の省略は認められない(会社法372条2項)。つまり、取締役会設置会社の場合、少なくとも3か月に1回は、取締役会を実際に会議体として開催する必要があるということになるが、オンライン会議システム等を利用するものでも差し支えない。

　職務執行状況の報告の内容については、各業務執行取締役の管掌部門によって異なり、多岐にわたることから、取締役会議事録には、質疑応答を含め報告する事項を具体的に記載するか、概要を記載した上で別紙としてデータ等の資料を参照するかたちが考えられる。

記載例3-7　報告：職務執行状況

第○号報告事項　職務執行状況の報告の件

　議長は、専務取締役である如月二郎および常務取締役である弥生三郎を指名し、両取締役から各担当部門における令和○年4月度の職務執行状況について、別紙資料に基づき詳細な報告がなされた。それを受けて、次のとおり、社外取締役である皐月五郎からの質問に対し、如月取締役が次のとおり回答をした。

～略～

---

2. 月次決算

　会社は、事業年度ごとに計算書類を作成し、監査を受けた後、取締役会で承認の上、株主総会に提出しなければならない(会社法435条2項、436条・438条1項)。

一方で、いわゆる各月単位での計算書類、いわゆる月次決算は、法令上要求されているものではないが、毎月の営業成績や財務状況を確認することは経営判断をする上で欠かせないものとして、取締役会の主要かつ定例の報告事項であるといえる。

取締役会議事録には、概要を記載した上で別紙としてのデータ等を参照するかたちとするのが一般的である。

記載例3-8　報告：月次決算

> 第〇号報告事項　令和〇年3月度の月次決算報告の件
>
> 　議長は、専務取締役である如月二郎を指名し、同取締役から令和〇年3月度の月次決算について別紙資料を参照の上、次のとおり報告がなされた。
> 　令和〇年3月度の売上高は〇〇円となり、前年同月比〇〇％の増加となった。
>
> 〜略〜

3.　内部統制システムの運用状況

大会社である取締役会設置会社は、取締役の職務の執行が法令・定款に適合することを確保するための体制その他会社の業務ならびに当該会社およびその子会社から成る企業集団の業務の適性を確保するために必要なものとして法務省令で定める体制（内部統制システム）を整備しなければならない（会社法362条4項6号、5項、会社法施行規則100条）。

内部統制システムが十分に構築・運用されているかどうかについては、随時、取締役会で評価・検証・修正等していくことになるため、取締役会での必須の報告事項といえる。報告の頻度は各社の判断に委ねられるものの、少なくとも事業報告に記載が必要となることから（会社法施行規則118条2号）、年に1回以上は必要といえる。なお、内部統制システムの見直しを行う場合には、取締役会で決議をしなければならない（会社法362条4項6号）。

取締役会議事録には、内部統制システムの現状・課題・今後の対応策等の概要を記載した上で、別紙としてチェックリスト等の資料を参照するかたちとするのが一般的であろう。

記載例3-9　報告：内部統制システムの運用状況

> 第○号報告事項　内部統制システム運用状況報告の件
>
> 　議長は、常務取締役である弥生三郎を指名し、同取締役から令和○年3月15日の取締役会で決定された内部統制システムの基本方針に基づく同システムの運用状況について別紙資料を参照の上、次のとおり報告がなされた。
>
> 　　　　　　　　　　〜略〜

4. その他の報告事項

(1) 競業取引・利益相反取引の報告

　競業取引・利益相反取引をした取締役は、取引後遅滞なく、当該取引についての重要な事実を取締役会に報告しなければならない（会社法365条2項）。

(2) 補償の報告

　補償契約に基づき補償をした取締役および補償を受けた取締役は、遅滞なく、当該補償についての重要な事実を取締役会に報告しなければならない（会社法430条の2第4項）。

第3章　取締役会議事録

Ⅲ-2　決議事項関係：株主総会関連

1.　株主総会の招集

　株主総会を招集するには、原則として以下の事項を取締役会の決議によって定めなければならない（会社法298条1項・4項、会社法施行規則63条）。

　　i)　日時・場所（会社法298条1項1号）

　　ii)　目的事項（会社法298条1項2号）

　　iii)　欠席株主が書面により議決権の行使ができることとするときは、その旨（会社法298条1項3号）

　　iv)　欠席株主が電磁的方法により議決権の行使ができることとするときは、その旨（会社法298条1項4号）

　　v)　法務省令事項（会社法施行規則63条）

　経済産業大臣および法務大臣の確認を受け、場所の定めのない株主総会に関する定款の定めを設定した上場会社の取締役会が、場所を定めない株主総会を開催する場合の決議事項は以下のとおりである（産業競争力強化法66条）。

　　i)　日時（会社法298条1項1号）

　　ii)　場所の定めのない株主総会とする旨（産業競争力強化法66条2項）

　　iii)　目的事項（会社法298条1項2号）

　　iv)　欠席株主が書面により議決権の行使ができることとする旨（産業競争力強化法に基づく場所の定めのない株主総会に関する省令3条1号）

　　v)　欠席株主が電磁的方法により議決権の行使ができることとするときは、その旨（会社法298条1項4号）

　　vi)　株主総会の議事における情報の送受信に用いる通信の方法（産業競争力強化法に基づく場所の定めのない株主総会に関する省令3条2号）

　　vii)　書面による議決権行使または電磁的方法による議決権行使をした株主が、場所の定めのない株主総会に出席した場合の議決権行使の効力

に関する取扱い（産業競争力強化法に基づく場所の定めのない株主総会に関する省令3条3号）

viii）法務省令事項（会社法施行規則63条）

表3-2　招集決定に関する法務省令事項

取締役会の決議によって定める事項（会社法施行規則63条）		
1号	定時株主総会について、i）開催日が前事業年度の定時株主総会の日と著しく離れた日であるとき、またはii）公開会社の場合に、他の公開会社と定時株主総会開催日が著しく重複しているときには、その理由	
2号	株主総会の開催場所が過去の株主総会開催場所と著しく離れた場所であるときは、その場所を決定した理由	
3号	イ	書面による議決権の行使または電磁的記録による議決権行使を採用した場合には、株主総会参考書類に記載すべき事項
	ロ・ハ	書面による議決権の行使または電磁的記録による議決権行使を採用した場合で、議決権の行使の期限を定めるときは、その旨
	ニ	議決権行使書面の賛否の欄に記載がない場合の取扱いの内容
	ホ	WEB開示をすることで株主総会参考書類に記載しないものとする事項（ただし、定款の定めが必要）
3号	ヘ	株主が書面による議決権行使を重複して行った場合または電磁的方法による議決権行使を重複して行った場合に、その議決権行使の内容が異なるときの取扱いに関する事項
4号	イ	電磁的方法による招集通知を承諾した株主から請求があった場合で、当該株主に対して議決権行使書面を交付することとするときは、その旨
	ロ	株主が書面による議決権の行使と電磁的記録による議決権行使を行った場合に、その議決権行使の内容が異なるときの取扱いに関する事項
5号	代理人による議決権行使について、代理権の証明方法、代理人の数その他代理人による議決権の行使に関する事項を定めるときは、その方法	
6号	不統一行使の通知の方法を定めるときは、その方法	
7号	書面による議決権行使または電磁的記録による議決権の行使を採用しない場合で、以下の事項を株主総会の目的事項とするときは、その議案の概要	
	イ	役員等の選任
	ロ	役員等の報酬
	ハ	全部取得条項付種類株式の取得
	ニ	株式併合

第3章　取締役会議事録

取締役会の決議によって定める事項（会社法施行規則63条）	
ホ	有利発行となる募集株式の募集
ヘ	有利発行となる募集新株予約権の募集
ト	事業譲渡等
チ	定款の変更
リ	合併
ヌ	吸収分割
ル	吸収分割による他の会社がその事業に関して有する権利義務の全部または一部の承継
ヲ	新設分割
ワ	株式交換
カ	株式交換による他の会社の株式全部の取得
ヨ	株式移転
タ	株式交付

　取締役会議事録には、具体的に決議事項を記載するか、株主総会招集通知および株主総会参考書類を参照するかたちが考えられる。

記載例3-10　決議：定時株主総会招集の決定

第○号議案　第○期定時株主総会招集の件

　議長は、第○期定時株主総会を下記の要領で招集したい旨を述べ、その賛否を諮ったところ、審議の結果、出席取締役全員の賛成により承認可決された。

記

1. 日　　時　　令和○年6月30日（木曜日）午前10時00分
2. 場　　所　　当社本店会議室
3. 株主総会の目的事項
　報告事項
　　第1号報告　事業報告の件
　　　　　　〜略〜
　　第2号報告　計算書類報告の件
　　　　　　〜略〜
　決議事項

Ⅲ 各議案のポイントと記載例

> 第1号議案　○○の件
> 　　〜略〜
> 第2号議案　○○の件
> 　　〜略〜

2.　基準日の設定

　会社は、一定の日として基準日を定め、当該基準日に株主名簿に記載・記録されている株主をその権利を行使することができる者と定めることができる（会社法124条1項）。基準日の設定は会社側の便宜のためであり、法律上の義務があるわけではないが、上場会社等の株主が多数となる会社の場合には、会社がいつの時点の株主を権利行使できる者とするかを確定するために必須の手続であるといえる。

　基準日の決定機関について、明文の規定はないが、実務的には重要な業務執行の決定（会社法362条4項）に該当するものとして取締役会の決議事項とされている。

　決議の内容としては、基準日と、基準日の最終の株主名簿に記載された株主が権利を行使できる旨を定め、取締役会議事録にはそれらを記載することになる。

記載例3-11　決議：基準日の設定

> 　　　第○号議案　臨時株主総会招集のための基準日設定の件
>
> 　議長は、令和○年7月29日（金曜日）開催予定の臨時株主総会において議決権を行使できる株主を確定するため、令和○年6月30日を基準日として設定し、同日の最終株主名簿に記録された株主をもってその議決権を行使することができる株主としたい旨を述べ、その賛否を諮ったところ、審議の結果、出席取締役全員の賛成により承認可決された。

- 161 -

Ⅲ-3 決議事項関係：人事関連

1. 代表取締役の選定

(1) アウトライン

　代表取締役は、取締役会の決議によって取締役の中から選定することになる（会社法362条3項）。なお、議長等に選定を委ねることはできないが、候補者の指名を議長等に一任し、指名された者を決議によって選定することは差し支えない[50]。

　取締役会の決議において、特別の利害関係を有する取締役は、当該議決に加わることができないとされているが（会社法369条2項）、代表取締役の選定は、通常の業務執行の決定の1つであり、候補者は特別の利害関係を有する者に該当しないとされ、当該候補者である取締役も議決権を行使することができる。一方、代表取締役の解職については、当該代表取締役は特別の利害関係を有する者に該当し、議決権を行使することはできないとされる[51]。

　代表取締役の選定に関する議案においては、代表取締役を具体的に選定し、取締役会議事録には、選定の過程と被選定者を記載することになる。なお、被選定者が席上就任を承諾した場合には、その旨も議事録に記載することになる。

(2) 登記手続

　代表取締役の氏名・住所は登記事項であり（会社法911条3項14号）、代表取締役が就任した場合にはその変更登記をしなければならない（会社法915条1項）。

　当該登記申請には、代表取締役を選定した取締役会議事録を添付することになる（商業登記法46条2項）。

---

[50]　昭42・7・6民甲2047号回答

[51]　最判昭44・3・28民集23巻3号645頁

（a）代表取締役の住所

代表取締役については、氏名だけでなく住所も登記事項であることから（会社法911条3項14号）、その就任の登記申請においては住所を明らかにする必要があり、選定に関する取締役会議事録に氏名とともに住所を記載するのが簡便な方法といえる。なお、従来、代表取締役について、少なくとも1名は日本に住所を有しなければならないとされていた登記実務の取扱いが見直されたことによって、代表取締役の全員が日本に住所を有しない代表取締役の就任も許される[52]。

代表取締役の住所については、いわゆる令和元年改正会社法に関する法制審議会において、プライバシー保護等の観点から、いわゆるDV被害者等については、登記事項証明書に表示しない措置を講ずることができるものとすることや、インターネット経由で提供される登記情報に住所に関する情報を提供しないものとするなどの附帯決議が行われており、今後、所要の手当がなされる予定である[53]。

（b）取締役会議事録と印鑑

代表取締役の選定に関する取締役会議事録には、原則として出席取締役・監査役全員が、個人として市町村に届け出ている、いわゆる実印（以下「個人実印」という）を押印し、各人の個人実印に対応する市町村長作成の印鑑証明書（以下「個人印鑑証明書」という）を添付しなければならない（商業登記規則61条6項3号）。ただし、従前の代表取締役が登記所に提出している印鑑（以下「会社届出印」という）を押印した場合には、その他の取締役・監査役は、いわゆる認印の押印で足り、個人印鑑証明書の添付も要さない（商業登記規則61条6項ただし書）。なお、これは、代表取締役の資格をもって会社届出印を押印する場合だけでなく、従前の代表取締役が取締役や監査役として取締役会に出席し、取締役や監査役として会社届出印を押印した場合でも該当する。

52　平27・3・16民商29号通知

53　竹林・一問一答270頁

(c) 取締役会議事録と就任承諾

代表取締役の就任の登記申請には、その就任を承諾したことを証する書面（以下「就任承諾書」という）を添付しなければならないが（商業登記法54条1項）、被選定者が取締役会の席上で就任を承諾し、その旨が取締役会議事録に記載されている場合には、当該議事録を就任承諾書として援用することができる。

新任の代表取締役の就任承諾書には、個人実印を押印し、個人印鑑証明書を添付しなければならない（商業登記規則61条4項後段・5項）。このため、取締役会議事録の記載を就任承諾書として援用するときには取締役会議事録に新任の代表取締役が個人実印を押印する必要がある。

記載例3-12　決議：代表取締役の選定

第○号議案　代表取締役選定の件

議長は、本日開催の第○期定時株主総会において、取締役全員が改選されたため、あらためて代表取締役を選定する必要がある旨を述べ、その選定方法を諮ったところ、出席取締役の中より議長の指名に一任したい旨の発言があり、その賛否を諮ったところ、一同これに賛成した。

それを受けて、議長は、次の者を指名し、その賛否を諮ったところ、審議の結果、出席取締役全員の賛成により承認可決された。

東京都千代田区麹町○丁目△番地
　　　代表取締役　　　睦月　一郎

なお、被選定者は、席上その就任を即時に承諾した。

---

2. 役付取締役の選定

役付取締役とは、会長・社長・専務・常務といった会社内部の役位を付与された取締役をいう。役付取締役制度では、それぞれの役位に取締役会規程

等の社内規則において役割が定められているのが通常であり、その選定は業務執行取締役の選定（会社法363条1項2号）、あるいは重要な業務執行の決定に該当し、取締役会の決議事項であると解されている。役付取締役の選定については、定款で取締役会の決議による旨の定めがなされている例が多い。

　役付取締役の選定に関する議案においては、役付取締役を選定し、その役位と担当業務を具体的に決議することとなり、取締役会議事録には、これらを記載することになる。なお、被選定者が席上就任を承諾した場合には、その旨も議事録に記載することになる。

記載例3-13　決議：役付取締役の選定

第○号議案　役付取締役選定の件

　議長は、本日開催の第○期定時株主総会において取締役が改選されたことに伴い、当社定款第○条の定めに基づき、下記のとおり役付取締役を選定したい旨を述べ、その賛否を諮ったところ、審議の結果、出席取締役全員の賛成により承認可決された。

記

氏名	役付	業務担当
睦月　一郎	取締役会長	全般
如月　二郎	取締役社長	全般
弥生　三郎	専務取締役	経営企画
卯月　四郎	常務取締役	営業

なお、被選定者は、席上その就任を即時に承諾した。

3. 重要な使用人の選任等

(1) アウトライン

　支配人その他の重要な使用人の選任は、取締役会の決議事項である（会社法362条4項3号）。

　支配人とは、会社に代わってその事業に関する一切の裁判上または裁判外の行為をする権限を有する者であり（会社法11条1項）、その代理権に制限を加えても、善意の第三者に対抗できない（会社法11条3項）。なお、取締役は支配人を兼ねることができるが、代表取締役は支配人より広範かつ包括的な代表権を有しているため、支配人を兼ねることはできない[54]。また、監査役は、兼任禁止規定に抵触するため、当該会社もしくはその子会社の支配人を兼ねることができない（会社法335条2項）。

　重要な使用人とは、支配人に準ずる重要性を有する使用人であり、会社の規模や業種等から総合的に判断することになるが、一般的には支社長・部長・工場長等各部門の最高位の使用人が該当する。

　支配人の選任に関する議案においては、具体的に支配人の選任と支配人を置いた営業所を決議することとなり、取締役会議事録にはこれらを記載することになる。また、重要な使用人の選任・異動に関する議案においては、重要な使用人の選任をし、その役職と担当業務を具体的に決議することとなり、取締役会議事録にはこれらを記載することになる。

(2) 登記手続

　重要な使用人のうち支配人を選任した場合には、支配人の氏名・住所と支配人を置いた営業所について登記をしなければならない（会社法918条、商業登記法44条2項）。

　当該登記申請には、支配人選任の決議をした取締役会議事録を添付することになる（商業登記法46条2項）。

---

[54]　昭40・1・19民甲104号回答

Ⅲ 各議案のポイントと記載例

記載例3-14 決議：支配人の選任

> 第○号議案 支配人選任の件
>
> 　議長は、当社営業体制強化のため、下記のとおり支配人を選任したい旨を述べ、その賛否を諮ったところ、審議の結果、出席取締役全員の賛成により承認可決された。
>
> 記
>
> | | |
> |---|---|
> | 支配人 | 東京都中野区中野○丁目○番○号 |
> | | 加藤　六郎（現　本社営業部部長） |
> | 支配人を置いた営業所 | 南関東支店（東京都文京区目白台○丁目△番□号） |

記載例3-15 決議：重要な使用人の選任・異動

> 第○号議案 重要な使用人の選任および異動の件
>
> 　議長は、本社営業部長である中村九郎より一身上の都合により令和○年7月31日をもって退職したい旨の申し出があったため、下記のとおり令和○年8月1日付で人事異動を行うこととしたい旨を述べ、その賛否を諮ったところ、審議の結果、出席取締役全員の賛成により承認可決された。
>
> 記
>
> | 氏名 | 新 | 旧 |
> |---|---|---|
> | 木村　七郎 | 本社営業部長 | 福岡支店長 |
> | 田中　八郎 | 福岡支店長 | 大阪支店次長 |

4. 取締役の報酬等の決定

　取締役の報酬等について、定款または株主総会の決議（会社法361条1項）

- 167 -

第3章　取締役会議事録

によってその上限を定め、その範囲内での決定を取締役会等に委任すること
ができる[55]。さらに、取締役会の決議を経た上で、社長等に一任することも許
容される（会社法施行規則98条の5第6号）[56]。なお、取締役会において各取締
役の報酬額を決定する際、当該取締役が特別の利害関係を有する者に該当す
るか否かが問題となるが、株主総会において会社との関係で上限額が定めら
れており、その限度内での配分にすぎないことから、該当しないものと解さ
れている[57]。

　株主総会または定款の定めの範囲内で、各取締役の個別の報酬を定めた場
合には取締役会議事録に、その具体的な額を、代表取締役等に一任する場合
にはその旨を記載することになる。

　公開会社かつ大会社であって有価証券報告書提出会社である監査役会設置
会社と、すべての監査等委員会設置会社において、定款または株主総会で取
締役（監査等委員を除く）の個人別の報酬等の内容を決定しない場合には、以
下の個人別の報酬等の内容の決定方針を取締役会において決定しなければな
らず（会社法361条7項、会社法施行規則98条の5）、取締役会議事録には、そ
れらの事項を記載することになる。

i) 取締役の個人別の金銭報酬（業績連動報酬を除く）の額またはその算
定方法の決定に関する方針

ii) 取締役の個人別の業績連動報酬がある場合には、業績指標の内容、報
酬額または数の算定方法の決定に関する方針

iii) 取締役の個人別の非金銭報酬がある場合には、報酬の内容および額も
しくは数またはその算定方法の決定に関する方針

iv) 金銭報酬、業績連動報酬または非金銭報酬の取締役の個人別の報酬等
の額に対する割合の決定に関する方針

v) 取締役に対し報酬等を与える時期または条件の決定に関する方針

vi) 取締役の個人別の報酬等の内容についての決定の全部または一部を
取締役その他の第三者に委任することとするときは、次に掲げる事項

---

[55]　最判昭60・3・26判時1159号150頁

[56]　最判昭31・10・5裁判集民23号409頁

[57]　名古屋高金沢支判昭29・11・22下民集5巻11号1902頁

イ　委任を受ける者の氏名または当該会社における地位と担当

ロ　イの者に委任する権限の内容

ハ　イの者によりロの権限が適切に行使されるようにするための措置を講ずることとするときは、その内容

vii) 取締役の個人別の報酬等の内容についての決定の方法

viii) その他、取締役の個人別の報酬等の内容についての決定に関する重要な事項

記載例3-16　決議：取締役報酬の決定

第○号議案　取締役報酬の決定の件

　議長は、第○期定時株主総会決議により承認を受けた取締役の報酬等の総額の範囲内において、令和○年7月以降の各取締役の具体的な報酬額の決定を代表取締役社長に一任したい旨を述べ、その賛否を諮ったところ、審議の結果、出席取締役全員の賛成により承認可決された。

　なお、議長より、当該報酬額に関しては、使用人兼取締役の使用人分給与は除くものとする旨が付言された。

5.　利益相反取引の承認

　取締役が、以下に掲げる直接または間接による利益相反取引をしようとするときには、当該取引に関する重要な事実を開示し、取締役会の承認を受けなければならない（会社法356条1項2号3号、365条）。

　利益相反取引の当事者となる取締役は、特別の利害関係を有することとなるため、当該決議において議決権を有しないものとされる（会社法369条2項）。したがって、当該決議については、特別の利害関係を有する取締役を除く取締役の過半数の出席により定足数を満たすことになる（会社法369条1項）。また、決議の公正を担保するため、特別の利害関係を有する取締役は当

第3章　取締役会議事録

該議案において議長となることはできないほか[58]、離席の要求があればこれに従わなければならないとされる[59]。

　利益相反取引後、当該取締役は遅滞なく、取引に関する重要な事実を取締役会に報告しなければならない（会社法356条1項2号3号、365条2項）。

　利益相反取引に関する承認の決議は、取引の都度、事前に行うのが原則といえるが、例えば業務委託契約など継続的な取引については、1年に一度、前年の実績を報告し、翌年分の継続の承認を得るという方式も、途中に重要な変更が生じない限り問題はないといえ、実務的にもグループ会社間の取引などを中心にそのようなかたちで行われている例は多い。

　利益相反取引によって会社に損害が生じたときには、当該取引をした取締役はもちろんのこと、当該取引を承認した取締役会での決議に賛成した取締役は、その任務を怠ったものと推定される（会社法423条3項）。なお、任務を怠ったことによる取締役の責任は原則として過失責任であるが、自己のために会社と取引をした取締役の責任は無過失責任となり、責任の一部免除は認められない（会社法428条）。

(1) 直接取引

　直接取引とは、取締役が自己または第三者のために会社と取引しようとすることをいう（会社法356条1項2号）。直接取引の例としては、甲会社の取締役であるAが甲会社との間で不動産の売買契約を締結する場合が挙げられるが、取締役会議事録には、その具体的な取引の内容を記載することになる。

記載例3-17　決議：利益相反取引（直接取引）の承認

第○号議案　利益相反取引（不動産売却）承認の件

　議長は、本議案の審議に先立ち、本議案について自身が特別利害関係人であることから、議長を交代する旨を述べ、定款の定めに基づき、第二順位である取締役　如月二郎が議長となった。また、取締役卯月四郎よ

58　東京高判平2・8・2資料版商事法務151号143頁

59　江頭・株式436頁

り、特別の利害関係を有する取締役　睦月一郎は、審議の間、退室が相当であるとの発言があり、議長の退室指示により、取締役睦月一郎が退室したのち、本議案の審議に入った。

　議長は、当社の財務体質を強化するため、下記のとおり当社所有不動産を当社取締役である睦月一郎に売却したい旨を述べた。また、当該取引は、当社との利益相反取引に該当するため会社法第365条第1項の規定に基づき取締役会の承認が必要な旨および取引の内容を詳細に説明し、その賛否を諮ったところ、審議の結果、出席取締役全員の賛成により承認可決された。

　なお、取締役である睦月一郎は、本議案について特別の利害関係を有するため、その審議および決議には参加しなかった。

記

1. 売買契約日（予定）　　令和○年10月1日
2. 所有権移転日（予定）　令和○年10月31日
3. 買主　　　　　　　　　睦月一郎
4. 売買代金　　　　　　　金2億円
5. 対象不動産　　　　　　所在　　東京都新宿区大久保○丁目
　　　　　　　　　　　　地番　　△番□
　　　　　　　　　　　　地目　　宅地
　　　　　　　　　　　　地積　　275.20㎡

(2) 間接取引

　間接取引とは、会社が取締役以外の者との間で行う取引等であるものの、会社と取締役との利益が相反する取引をいう（会社法356条1項3号）。間接取引の例としては、甲会社の取締役であるAが代表取締役を務める乙会社の債務を保証するために、甲会社が不動産を担保に提供する場合が挙げられるが、取締役会議事録には、その具体的な取引の内容を記載することになる。

第3章　取締役会議事録

記載例3-18　決議：利益相反取引（間接取引）の承認

第○号議案　利益相反取引（根抵当権設定）の承認の件

　議長は、株式会社帝国銀行に対して、下記のとおり当社所有不動産に根抵当権を設定したい旨を述べた。また、当該取引は、当該根抵当権の債務者が株式会社ABC電機であり当社の取締役である弥生三郎が代表取締役を務めていることから、利益相反取引に該当するため会社法第365条第1項の規定に基づき取締役会の承認が必要な旨および根抵当権設定の内容を詳細に説明し、その賛否を諮ったところ、審議の結果、出席取締役全員の賛成により承認可決された。

　なお、取締役である弥生三郎は、本議案について特別の利害関係を有するため、その審議および決議には参加しなかった。

記

根抵当権の表示
　1. 設定契約日（予定）　　　令和○年9月30日
　2. 極度額　　　　　　　　　金3億円
　3. 被担保債権の範囲　　　　銀行取引　手形債権　小切手債権
　　　　　　　　　　　　　　　電子記録債権
　4. 債務者　　　　　　　　　東京都港区赤坂○丁目△番□号
　　　　　　　　　　　　　　　株式会社ABC電機
　　　　　　　　　　　　　　　（代表取締役　弥生三郎）
　5. 根抵当権者　　　　　　　東京都港区赤坂○丁目×番△号
　　　　　　　　　　　　　　　株式会社帝国銀行（東京支店）
　6. 担保物件　　　　　　　　所在　　東京都港区北青山○丁目
　　　　　　　　　　　　　　　地番　　△番□
　　　　　　　　　　　　　　　地目　　宅地
　　　　　　　　　　　　　　　地積　　70.80㎡

(3) 不動産登記申請の添付書面

　会社・取締役間の不動産売買契約や取締役の債務を保証するために会社所有の不動産に担保権を設定するような利益相反取引行為に該当する不動産登

- 172 -

記申請には、その承認決議をした取締役会議事録の添付が必要となる（不動産登記令7条1項5号ハ）。

　当該取締役会議事録には、代表取締役は会社届出印を押印し、その他の取締役および監査役は個人実印を押印し、それぞれ対応する印鑑証明書を添付しなければならない（不動産登記令19条）[60]。なお、会社届出印の印鑑証明書については、会社法人等番号を提供する場合、添付を省略することができる（不動産登記規則50条2項、48条1号）。

6.　役員等の責任の一部免除

　取締役が2人以上いる監査役設置会社・監査等委員会設置会社・指名委員会等設置会社においては、善意無重過失の役員等の責任を取締役会の決議によって一部免除することを定款で定め、当該定めに基づき責任の一部を免除することができる（会社法426条1項）。この責任の一部免除をするためには、当該役員等が善意無重過失であり、当該役員等の職務執行状況を勘案して、その一部免除が特に必要と認められる事情が必要とされる（会社法426条1項）。

　取締役会の決議では、以下の事項について決議しなければならず、議事録にはこれらを記載することになる。なお、責任免除の対象となる取締役は、特別の利害関係を有する者に該当するため、当該決議に参加することはできない。

　　i)　責任の原因となった事実とその賠償責任額

　　ii)　免除することができる額の限度とその算定の根拠

　　iii)　責任を免除すべき理由とその免除額

　取締役会の決議によって責任の一部免除を行ったときには、取締役は、遅滞なく、責任の原因となった事由等を株主に通知または公告しなければならない（会社法426条3項）。この場合、総株主の議決権の100分の3以上を有する株主からの異議があったときには、取締役会の決議に基づく責任の一部免

60　昭39・4・6民甲1287号通達、昭45・8・27民三454号回答

第3章　取締役会議事録

除をすることができない（会社法426条7項）。

記載例3-19　決議：役員等の責任の免除

第○号議案　取締役の責任免除に関する件

　議長は、当社の常務取締役である卯月四郎の○○に関する会社への任務懈怠による損害賠償責任については責任の一部免除を認めることが相当である旨を述べ、別紙資料に基づきその理由等の説明を行った。次いで、議長は今回の損害賠償額は1億円であるところ、法定の最低責任限度額である4,000万円に軽減し、その余の6,000万円については免除すべきである旨を述べ、その賛否を諮ったところ、審議の結果、出席取締役全員の賛成により承認可決された。

　なお、取締役である卯月四郎は、本議案について特別の利害関係を有するため、その審議および決議には参加しなかった。

---

7. 補償契約の内容の決定

　役員等がその職務執行に関して責任追及を受けた場合の対応費用および第三者に損害を与え、これを賠償したことによる損失を、会社が補償する旨の契約をする場合、当該契約の内容の決定は取締役会の決議によらなければならない（会社法430条の2第1項）。なお、補償契約の対象となる取締役は、特別の利害関係を有する者に該当するため、当該決議に参加することはできない。

　取締役会の決議では、具体的な補償契約の内容と対象となる役員等を決議しなければならず、取締役会議事録には補償契約書案を別紙として参照する記載が想定される。

　補償契約の内容を取締役会において決議し、契約を締結した後に当該契約の対象となる事実が発生したため、その履行として実際に会社が取締役に金銭を支払う場合には、あらためて補償に関する決議を経る必要はない[61]。ただし、補償の対象となった取締役は、補償後遅滞なく、重要な事実を取締役会に

61　竹林・一問一答109頁

- 174 -

Ⅲ 各議案のポイントと記載例

報告する必要がある（会社法430条の2第4項）。

記載例3-20　決議：補償内容の決定

第○号議案　会社補償契約の締結の件

　議長は、今般新たに就任した取締役　皐月五郎との間で、会社法第430条の2の規定に基づき取締役の職務執行に関する責任追及対応費用および第三者への損害賠償による損失補償のための会社補償契約を締結したい旨を述べ、別紙契約案を提示してその内容を詳細に説明し、その賛否を諮ったところ、審議の結果、出席取締役全員の賛成により承認可決された。

　なお、取締役　皐月五郎は、本議案について特別の利害関係を有するため、その審議および決議には参加しなかった。

8.　役員等のために締結される保険契約の内容の決定

　役員等を被保険者とする保険契約であって、役員等がその職務の執行に関し負う責任等について、保険者が填補することを約する保険契約（役員等賠償責任（D&O）保険契約）を会社が締結する場合には、その内容を取締役会の決議により決定しなければならない（会社法430条の3第1項）。なお、当該保険契約の対象となる取締役は、特別の利害関係を有する者に該当するものの、通常、このような保険契約ではすべての取締役が対象となるため、当該決議は、取締役ごとに順次個別に決議することになる。なお、上記の要件に形式的には該当する保険契約であっても、ＰＬ保険や自動車保険等の利益相反性の低い一定のものについては、この規律は適用されない（会社法430条の3第1項、会社法施行規則115条の2）。

　当該決議によって決定した内容の保険契約を期間満了等により更新する場合は、あらためて当該内容につき取締役会の決議をしなければならない[62]。

　取締役会の決議では、当該保険についての基本的な事項（保険会社・被保

62　竹林・一問一答109頁

険者・保険料・保険期間・保険金の支払事由・支払限度額・保険金により塡
補される損害の範囲・保険会社の主な免責事由・主な特約条項等）を決議し
なければならず、取締役会議事録には保険会社が作成した保険契約の概要書
等を別紙として参照する記載が想定される。

記載例3-21　決議：役員等賠償責任保険内容の決定

> 　　　　　　第○号議案　役員等賠償責任保険契約締結の件
>
> 　議長は、会社法第430条の3の規定に基づき、当社取締役および監査役
> の職務執行に起因する第三者への損害賠償による損失補償のため、取締
> 役および監査役全員を被保険者とする役員等賠償責任保険契約を下記の
> とおり締結したい旨を述べ、別紙契約案を提示してその内容を詳細に説
> 明した上で、その賛否を諮ったところ、審議の結果、出席取締役全員の賛
> 成により承認可決された。
> 　なお、本議案においてはすべての取締役が特別の利害関係を有するた
> め、各取締役ごとに当該取締役を除外して採決を行った。
> 　　　　　　　　　　　　　　　　　記
> 保険会社　○○損害保険株式会社
> 被保険者　当社取締役および監査役全員
> 保険料　　年額金300万円
> 保険期間　令和○年7月1日から1年間
> 保険金の支払事由　　職務執行に関して第三者から損害賠償請求を受け
> 　　　　　　　　　　たこと
> 保険支払限度額　　　総額金3億円
> 保険金により塡補される損害の範囲　損害賠償請求額および対応費用
> 主な免責事由ならびに主な特約条項　犯罪行為による第三者賠償につ
> 　　　　　　　　　　　　　　　　　いては免責

9.　業務の執行の社外取締役への委託

　社外取締役を置いている会社と取締役との利益が相反する状況にあるとき

Ⅲ　各議案のポイントと記載例

や、その他取締役が会社の業務を執行することにより株主の利益を損なうお
それがあるときには、会社は、その都度、取締役会の決議によって、会社の業
務を執行することを社外取締役に委託することができる（会社法348条の2
第1項）。

　典型例としては、いわゆるMBO（Management Buy Out）に対する会社の
意見の決定を諮問するために設けられる特別委員会の委員として社外取締役
が委託を受けて従事するようなことを想定した制度といえるが[63]、そのよう
な場合に必ずしもこれによる委託が義務付けられるものではない。個別具体
的な事情の下で、そのような活動を社外取締役が担うことが、社外性の喪失
につながると考えられる場合に、この制度を選択することが考えられる。ま
た、利益相反取引は、取締役会の承認を経ることにより当該利益相反する取
締役が執行することができるものの（会社法356条・365条1項）、そのような
場合にこの制度を利用して社外取締役が会社を代表して当該取締役と利益相
反取引をすることも可能である。

　この制度により委託された業務の執行は、原則として社外性を喪失する
「業務の執行」に該当しないとされる（会社法348条の2第3項）。

　取締役会の決議では、対象となる社外取締役と、委託する業務の概要を明
らかにする必要がある。また、特定の契約を締結するなどの場合を除き、期間
についても決議すべきであり、取締役会議事録には、それらを記載すること
になる。

記載例3-22　決議：業務の執行の社外取締役への委託

第○号議案　MBOに対する特別委員会設置
および業務の執行の社外取締役への委託の件

　議長は、自身が設立した株式会社○○を通じた当社株式の買付け（以
下、「本件ＭＢＯ」という）に対して、公開買付け等に関する意見の公表も
しくは株主に対する表示の内容等を決定するための諮問機関として、当
社取締役会とは独立した特別委員会を別紙の要領で設置したい旨および
社外取締役である卯月四郎に対して、業務の執行の社外取締役への委託

63　竹林・一問一答153頁

として、当該委員として就任し業務を行うことを委託したい旨を述べ、その賛否を諮ったところ、審議の結果、出席取締役全員の賛成により承認可決された。

Ⅲ-4　決議事項関係：株式等関連

1．募集株式の発行

(1) アウトライン

　募集株式の発行とは、会社が株式を発行することによって資金調達を行うものである。募集株式の発行の方法を大別すると株主割当てと第三者割当てがあるが、株主割当ては実務的にはほとんど利用されていないため、ここでは第三者割当てを前提とする。

　公開会社が募集株式を発行する場合には、募集の都度、取締役会の決議により、以下の募集事項を定めなければならない（会社法199条1項、201条1項）。

　公開会社においても、有利発行に該当する場合には、株主総会において募集事項を定めなければならない（会社法199条1項、201条1項）。また、非公開会社においては、募集事項の決定は株主総会の決議によって行うのが原則である（会社法199条1項）。

　　i ）　募集株式の数

　　ii ）　募集株式の払込金額またはその算定方法

　　iii）　現物出資の場合には、その旨ならびに財産の内容と価額

　　iv）　払込期日または払込期間

　　v ）　増加する資本金・資本準備金

　上記の決議事項に加えて、募集株式の割当てに関する事項（会社法204条・205条）として、申込みを条件とした割当ての旨や、総数引受契約の締結

III 各議案のポイントと記載例

の旨を加えることがある。ただし、これらは募集株式が譲渡制限株式ではない場合には、取締役会によらず、例えば代表取締役が決定することも可能である。

記載例3-23　決議：募集株式の発行：第三者割当（総数引受）

第○号議案　募集株式の発行（第三者割当）の件

　議長は、経営基盤の安定化を図るため、下記のとおり第三者割当による募集株式の発行を行いたい旨を述べた上で内容を詳細に説明し、その賛否を諮ったところ、審議の結果、出席取締役全員の賛成により承認可決された。

記

1. 募集株式の数　　　　　　当会社普通株式　3,000株
2. 募集株式の払込金額　　　1株につき金1万円
3. 払込期日　　　　　　　　令和○年10月31日
4. 増加する資本金および資本準備金に関する事項
　（1）増加する資本金　　　　1株につき金5,000円
　（2）増加する資本準備金　　1株につき金5,000円
5. 割当方法
　　　　新株を次の者に割り当て、総数引受契約によって行う。
　　　　株式会社ABC鉱業　　2,000株
　　　　木田　和子　　　　　1,000株

(2) 自己株式の処分

　自己株式の処分とは、会社が保有している自社発行の株式を第三者に対して処分することをいい、募集株式の発行の一類型と整理される（会社法199条1項）。

　公開会社における自己株式の処分の決定は、取締役会の決議によって行うことになるが（会社法201条1項）、取締役会議事録には、それらの決定事項を記載することになる。

- 179 -

第3章　取締役会議事録

記載例3-24　決議：自己株式の処分（条件付割当）

第○号議案　自己株式の処分の件

議長は、業務提携先である株式会社DEF商事との関係強化のため、下記のとおり第三者割当によって保有する自己株式を処分したい旨を述べた上で内容を詳細に説明し、その賛否を諮ったところ、審議の結果、出席取締役全員の賛成により承認可決された。

記

1. 処分する株式の数　　　　当会社普通株式　3,000株
2. 処分する株式の払込金額　1株につき金1万円
3. 払込期日　　　　　　　　令和○年10月31日
4. 処分の方法　　　　　　　第三者割当
5. 処分先　　　　　　　　　申込みがあることを条件に、以下の者
　　　　　　　　　　　　　　にすべてを割り当てる。
　　　　　　　　　　　　　　株式会社DEF商事

---

(3) 登記手続

募集株式の発行（自己株式の処分を除く）をした場合、増加した資本金の額（会社法911条3項5号）と発行済株式総数（会社法911条3項9号）について変更登記をしなければならない（会社法915条1項）。なお、自己株式の処分の場合には、発行済株式総数および資本金の額ともに変更は生じないため、登記は要しない。

募集株式の発行の登記申請には、募集事項を決定した取締役会議事録を添付することになる（商業登記法46条2項）。

2.　自己株式の取得

自己株式の取得とは、発行済株式を会社自らが取得することをいう。株主との合意によって自己株式を取得する場合には、原則として株主総会の決議が必要であるが（会社法156条）、以下の場合には例外的に取締役会の決議に

よることができる。なお、この場合でも、取得価額の総額は効力発生日における分配可能額を超えることはできない（会社法461条1項2号）

i) 会計監査人設置会社かつ監査役会設置会社であって、取締役の任期を選任後1年以内に終了する事業年度のうち最終のものに関する定時株主総会の終結までとする定款の定めがある会社が不特定株主から取得する場合（会社法459条1項1号）

ii) 子会社から取得する場合（会社法163条）

iii) 定款の定めに基づき、市場取引または公開買付けで取得する場合（会社法165条2項・3項）

　それらの場合には、取締役会で以下の事項を決議する必要があり、取締役会議事録にはこれらを記載することになる（会社法156条1項）。

i) 取得する株式の総数

ii) 株式を取得するのと引換えに交付する金銭等の内容とその総額

iii) 株式を取得することができる期間

記載例3-25　決議：自己株式の取得（市場取引・ToSTNeT-3）

第○号議案　　自己株式の取得の件

　議長は、株主への利益還元のため、定款第○条の定めに基づき下記のとおり自己株式を取得したい旨を述べた上で内容を詳細に説明し、その賛否を諮ったところ、審議の結果、出席取締役全員の賛成により承認可決された。

記

1. 取得対象株式の種類および数
   (1) 取得する株式の種類　　　　普通株式
   (2) 取得する株式の総数　　　　15万株（上限）
   (3) 株式の取得価額の総額　　　金1億8,000万円（上限）
2. 取得の方法

令和○年7月15日の終値（最終特別気配を含む）1,200円で、 令和
○年7月16日午前8時45分の東京証券取引所の自己株式立会外取引
（ToSTNeT-3）において買付の委託を行うものとする。なお、当該買付
注文は、当該取引時間限りの注文とする。
3. 取得結果の公表
午前8時45分の取引時間終了後に取得結果を公表する。

3. 自己株式の消却

(1) アウトライン

　自己株式の消却とは、自己株式を失効させ、当該株式を絶対的に消滅させ
ることをいう。

　自己株式を消却するには、取締役会の決議によって、消却する自己株式の
種類および数を定めなければならず（会社法178条）、取締役会議事録には、
これらを記載することになる。

　自己株式の消却の効力発生は、会社が実際に株主名簿から消却した株式数
を減じたときとされているが、株券発行会社の場合には、株券を廃棄する等
実際に消却する株式を特定したときであるとされる[64]。なお、振替株式の場合
には、権利の帰属は振替口座簿の記録によって定まることから（振替法128
条1項）、会社が対象株式につき証券保管振替機構に抹消の申請を行い、振替
口座簿に抹消の記録がされたときということになる（振替法134条4項1号、
158条）[65]。

記載例3-26　決議：自己株式の消却

　　　　　　第○号議案　　　自己株式の消却の件

　議長は、株式価値の向上を図るため、下記のとおり自己株式を消却し

---

[64]　東京地判平2・3・29金判857号27頁

[65]　江頭・株式272頁

たい旨を述べた上で内容を詳細に説明し、その賛否を諮ったところ、審議の結果、出席取締役全員の賛成により承認可決された。

記

消却する自己株式の数　　　　1,000株
消却日（予定）　　　　　　令和○年11月1日

(2) 登記手続

　自己株式を消却した場合には、発行済株式の総数（会社法911条3項9号）が減少することから、その変更登記をしなければならない（会社法915条1項）。

　当該登記申請には、自己株式の消却の決議をした取締役会議事録を添付することになる（商業登記法46条2項）。

4. 株式分割

(1) アウトライン

　株式分割とは、既発行の株式1株を2株にする等、株式の細分化をすることをいう。

　株式分割をするには、取締役会の決議によって以下の事項を定めなければならないとされ（会社法183条2項）、取締役会議事録には、これらの事項を記載することになる。

　i）　株式分割の割合と基準日
　ii）　効力発生日
　iii）　種類株式発行会社である場合には、分割する株式の種類

　市場価格のある株式について、株式分割をすることによって1株に満たない端数が生じる場合で、端数株式の全部または一部を会社が買い取るときには、上記 i）〜iii）に加え、取締役会の決議によって、買い取る株式の数およ

び買取りと引き換えに交付する金銭の総額を定めなければならないとされ（会社法234条2項・4項・5項、235条）、取締役会議事録には当該事項も記載することになる。

(2) 発行可能株式総数との関係

　現に2種類以上の株式を発行していない会社は、株主総会の特別決議を経ることなく、取締役会の決議により、株式分割の効力発生日をもって、分割比率の範囲内で発行可能株式総数についての定款変更をすることができる（会社法184条2項）。

　当該変更決議を行った場合の取締役会議事録には、変更の前後が分かるように新旧対照方式で記載するのが一般的である。

(3) 登記手続

　株式分割をした場合には、発行済株式の総数（会社法911条3項9号）が増加することから、その変更登記をしなければならない（会社法915条1項）。また、同時に発行可能株式総数（会社法911条3項6号）を増加させた場合には、その変更登記もしなければならない（会社法915条1項）。なお、株式分割を行った会社が新株予約権を発行している場合には、新株予約権の目的である株式の数や、いわゆる行使価額についての登記事項も修正が必要となるケースがある。

　当該登記申請には、株式分割等の決議をした取締役会議事録を添付することになる（商業登記法46条2項）。

Ⅲ 各議案のポイントと記載例

記載例3-27　決議：株式分割

第○号議案　株式分割の件

　議長は、より多くの株主が当社株式を保有できるようにするため、当社の株式を下記のとおり分割したい旨ならびに発行可能株式総数を変更したい旨を述べた上で内容を詳細に説明し、その賛否を諮ったところ、審議の結果、出席取締役全員の賛成により承認可決された。

記

1. 株式分割
　(1)　分割により増加する株式数
　　　　　普通株式　1万株
　(2)　分割の方法
　　　　　令和○年6月30日を基準日として、最終の株主名簿に記載された株主の所有する普通株式1株につき2株の割合をもって分割する。
　(3)　分割の効力が生ずる日
　　　　　令和○年7月1日

2. 発行可能株式総数の変更
　　　　　会社法第184条第2項の規定に基づき、株式分割の効力発生日である令和○年7月1日をもって、当社定款第○条を下記のとおり変更する。

記

現行	変更案
第○条（発行可能株式総数） 当会社の発行可能株式総数は、<u>1</u>万株とする。	第○条（発行可能株式総数） 当会社の発行可能株式総数は、<u>2</u>万株とする。

- 185 -

第3章　取締役会議事録

5. 株式譲渡承認

　発行する全部または一部の株式の内容として、譲渡による当該株式の取得につき会社の承認を要する旨を定めることができ（会社法107条1項1号、108条1項4号）、当該定めのある株式を、譲渡制限株式という。

　譲渡制限株式を譲渡する場合、株主または取得者は、会社に対し、当該株式の譲渡について承認をするか否かを請求しなければならない（会社法136条・137条）。当該請求に対して承認するか否かの決定は、定款に別段の定めがある場合を除き、取締役会の決議によらなければならない（会社法139条1項）。なお、当該会社の取締役が譲渡人または譲受人となる場合には、当該取締役は特別の利害関係を有する者に該当すると解されており[66]、決議に参加することはできない（会社法369条1項・2項）。

　株式譲渡承認に関する議案においては、譲渡株式の種類・数、譲渡人・譲受人に関する事項を決議することになり（会社法138条参照）、取締役会議事録には、これらを記載することになる。

記載例3-28　決議：株式譲渡承認

　　　　　　　　　第○号議案　株式譲渡承認の件

　議長は、当社株主である弥生三郎より下記のとおり株式譲渡承認請求があった旨を述べた上で内容を詳細に説明し、その賛否を諮ったところ、審議の結果、出席取締役全員の賛成により承認可決された。
　なお、譲渡人である弥生三郎は当社の取締役であり、特別の利害関係を有するため、本議案の審議および決議には参加しなかった。

　　　　　　　　　　　　　　　　記
　譲渡承認請求株主、譲渡株式数および譲渡承認請求日
　　　　住　　　所　　　東京都江戸川区北小岩○丁目△番□号
　　　　氏　　　名　　　弥生　三郎
　　　　譲渡株式数　　　譲渡制限株式　1,000株

66　江頭・株式436頁

```
譲渡承認請求日　令和○年 10 月 31 日
譲受希望者および譲受株式数
　住　　　所　　　東京都江戸川区北葛西○丁目△番□号
　氏　　　名　　　佐々木　新一
　譲受株式数　　　譲渡制限株式　1,000 株
```

6. 株式取扱規則の改訂

　株式取扱規則とは、株主の権利行使の方法や株主名簿記載事項の変更手続等、株式の取扱いを定める会社の内部ルールである。上場会社においては、株式取扱規則を制定することが義務付けられており、改訂した際には遅滞なく証券取引所に提出することが求められている（有価証券上場規程施行規則 418 条 18 号）。

　株式取扱規則の改訂については、重要な業務執行の決定（会社法 362 条）に該当するものとして、実務上は取締役会の決議によることが多い。

　株式取扱規則の改訂は、新旧対照表等のかたちで変更箇所を明らかにし、その内容を取締役会議事録に記載することになる。

第3章　取締役会議事録

記載例3-29　決議：株式取扱規則の改訂

第○号議案　　株式取扱規則の改訂の件

　議長は、当社株主名簿管理人を変更することから、当社株式取扱規則第○条を下記のとおり変更したい旨を述べ、その賛否を諮ったところ、審議の結果、出席取締役全員の賛成により承認可決された。

記

現行	変更案
第○条（株主名簿管理人） 当会社の株主名簿管理人および同事務取扱場所は、次のとおりとする。 株主名簿管理人 　東京都豊島区池袋○丁目△番□号 　ABC信託銀行株式会社 同事務取扱場所 　東京都豊島区池袋○丁目△番□号 　ABC信託銀行株式会社証券代行部	第○条（株主名簿管理人） 当会社の株主名簿管理人および同事務取扱場所は、次のとおりとする。 株主名簿管理人 　東京都港区赤坂○丁目△番□号 　帝国信託銀行株式会社 同事務取扱場所 　東京都港区赤坂○丁目△番□号 　帝国信託銀行株式会社証券代行部

Ⅲ-5　決議事項関係：財務関連

1. 計算書類の承認

　計算書類とは、貸借対照表・損益計算書・株主資本等変動計算書・個別注記表をいう（会社法435条2項、会社計算規則59条1項）。会社は毎事業年度の

Ⅲ 各議案のポイントと記載例

計算書類を作成し（会社法435条2項）、監査役等による監査を受けた後、取締役会でその内容を決議した上、株主総会に提出し（会社法435条2項、436条、438条1項）、定時株主総会の承認を受けることになる（会社法438条2項）。

　監査後の計算書類に関する取締役会の決議においては、取締役会議事録に別紙として計算書類および附属書類を参照するかたちで記載するのが一般的である。

　会計監査人設置会社において、以下の要件のすべてを満たす場合には、株主総会の承認を受けることなく、監査後の取締役会の決議によって計算書類は確定し、定時株主総会では報告をすれば足りる（会社法439条、会社計算規則135条）。

　i）会計監査報告に無限定適正意見が含まれていること（会社計算規則135条1号）

　ii）会計監査報告に監査役等から会計監査人の監査の方法または結果を相当でないと認める意見がないこと（会社計算規則135条2号）

　iii）監査役等の監査報告に会計監査報告が相当でない旨の意見が付記されていないこと（会社計算規則135条3号）

　iv）計算書類について、監査役等の監査報告が期限内になされないことにより、監査を受けたものとみなされたものでないこと（会社計算規則135条4号）

　v）取締役会を設置していること（会社計算規則135条5号）

記載例3-30　決議：計算書類の承認

第〇号議案　　計算書類承認の件

　議長は、別紙のとおり計算書類およびその附属明細書について、会計監査人および監査役会からいずれも適正である旨の通知を受けている旨を報告した。次いで、議長は、当該計算書類およびその附属書類について承認を得たい旨を述べ、その賛否を諮ったところ、審議の結果、出席取締役全員の賛成により承認可決された。

2. 決算開示

　上場会社の決算の開示については、金融商品取引法の規定に基づくものと、証券取引所のルールに基づくものがある。

　金融商品取引法の規定に基づく決算の開示には、事業年度終了後3か月以内に提出しなければならない有価証券報告書（金融商品取引法24条1項）と事業年度を3か月に区分した期間ごとに提出しなければならない四半期報告書（金融商品取引法24条の4の7）がある。証券取引所のルールに基づく決算開示には、事業年度終了後に行わなければならない決算短信（有価証券上場規程404条）と、事業年度を3か月に区分した期間ごとに行わなければならない四半期決算短信（有価証券上場規程404条）とがある。

　いずれの決算の開示についても、開示する内容や当該書面の提出を取締役会で承認することまでは法令上求められていないが、実務的には取締役会の承認事項としている例が少なくない。また、承認事項としない場合でも、報告事項としている例も見られる。

　決算開示を決議事項とする場合においては、開示する内容や当該書面の提出を取締役会で承認し、取締役会議事録には別紙として開示すべき書面を参照するかたちで記載するのが一般的である。

記載例3-31　決議：決算開示

> 　　　　　第○号議案　決算短信（第2四半期）開示の件
>
> 　議長は、別紙のとおり第2四半期における決算短信の開示を行いたい旨を述べた上で内容を詳細に説明し、その賛否を諮ったところ、審議の結果、出席取締役全員の賛成により承認可決された。

Ⅲ-6 決議事項関係：その他

1. 内部統制システムの構築

　大会社である取締役会設置会社は、いわゆる内部統制システムの整備について、取締役会の決議を経なければならない（会社法362条4項6号、362条5項）。また、上場会社は、事業年度ごとに、内部統制報告書を有価証券報告書とともに提出しなければならない（金融商品取引法24条の4の4）。

　内部統制システムに関する取締役会の決議の具体的内容が会社の事業の規模や特性等に照らして不合理である場合には、取締役の善管注意義務および忠実義務違反となり得る[67]。そのため、適正な内部統制システムが構築されているかを随時見直す必要がある。

　取締役会では、内部統制システムの具体的内容の承認をする必要があり、取締役会議事録には当該内容に関する資料を参照するかたちで記載するのが一般的である。

記載例3-32　決議：内部統制システムの構築

第○号議案　内部統制システム構築の件

　議長は、当社が大会社へ移行することから、内部統制システム（取締役の職務の執行が法令および定款に適合することを確保するための体制その他株式会社の業務ならびに当該株式会社およびその子会社から成る企業集団の業務の適正を確保するために必要なものとして会社法施行規則第100条第1項および第3項で定める体制）を整備する必要がある旨を述べ、別紙「内部統制システムの基本方針」について詳細に説明をした。次いで、議長は、当該「内部統制システムの基本方針」について承認を得たい旨を述べ、その賛否を諮ったところ、審議の結果、出席取締役全員の賛成により承認可決された。

67　宍戸善一監修、岩倉正和＝佐藤丈文編著『会社法実務解説』288頁（有斐閣、2011）

2. 重要財産の処分等

　会社が重要財産の処分や譲受けを行う場合には、取締役会の決議が必要となる（会社法362条4項1号）。

　重要財産の処分に該当するか否かは、処分する財産の価額、総資産に占める割合、その取引が通常行われる取引に該当するか等の諸事情を総合的に考慮して判断することになる。実務的には、最高裁判決[68]を踏まえた1つの基準として、総資産の1%を目安にすることが考えられる[69]。なお、重要性の判断を明確にするためにも、あらかじめ取締役会規程等において一定の基準を定めている例も多い。

　重要財産の処分に関する議案においては、対象となる財産とその処分先や価格等「条件」を決議し、取締役会議事録にはこれらを記載することになる。

記載例3-33　決議：不動産の売却

第○号議案　不動産売却の件

　議長は、当社の財務改善を目的として、当社所有の不動産を下記のとおり売却したい旨を述べた上で内容を詳細に説明し、その賛否を諮ったところ、審議の結果、出席取締役全員の賛成により承認可決された。

記

1. 対象不動産
　　　　所在　　　東京都港区南青山○丁目
　　　　地番　　　△番□
　　　　地目　　　宅地
　　　　地積　　　200.30㎡
2. 売却代金
　　　　金4億5,000万円
3. 売却先

---

[68]　最判平6・1・20民集48巻1号1頁
[69]　中村直人編著『取締役・執行役ハンドブック（第3版）』81頁（商事法務、2021）

　　　　　東京都港区新橋○丁目×番△号　　株式会社新橋建設
 4. 売買契約締結日（予定）
　　　　　令和○年10月15日
 5. 代金決済日（予定）
　　　　　令和○年11月30日

3.　多額の借財

　会社が多額の借財を行う場合には、取締役会の決議が必要となる（会社法362条4項2号）。借財には、金銭の借入れ以外に、債務保証・リース契約・手形割引等が含まれる。

　多額の借財に該当するか否かは、重要な財産の処分と同様に、当該借財の額、会社の総資産・経常利益等に占める割合、当該借財の目的および会社における従来の取扱い等の事情を総合的に考慮して判断することになる[70]。実務的には、多額の借財に当たるか否かの判断は難しいところもあるが、仮に取締役会の決議を経ていなかった場合には、取締役の善管注意義務の問題にもなることから、重要な財産の処分と同様に、取締役会規程等において一定の基準を定めておくことが望ましい。

　多額の借財に関する議案においては、資金使途・借入金額・借入条件等を決議し、取締役会議事録にはこれらを記載することになる。

記載例3-34　決議：事業用資金の借入れ

　　　　　　第○号議案　　事業用資金借入れの件

　議長は、当社の事業用運転資金を調達するため、下記のとおり借入れを行いたい旨を述べた上で内容を詳細に説明し、その賛否を諮ったところ、審議の結果、出席取締役全員の賛成により承認可決された。

　　　　　　　　　　　　　　　　記

---

[70]　東京地判平9・3・17判時1605号141頁

1. 借入先
     株式会社帝国銀行（東京支店）
2. 借入額
     金3億円
3. 利息
     年1.25％
4. 借入日
     令和○年10月31日
5. 返済期限
     令和△年10月31日

4. 簡易・略式再編

(1) アウトライン

　合併や会社分割といった組織再編行為については、株主総会の特別決議を経るのが原則である（会社法309条2項12号）。しかしながら、上場会社等の多数の株主がいる場合には、株主総会を開催することが容易ではないことを踏まえ、会社にとって影響が軽微な場合や当該決議が可決されることが明らかな場合の組織再編行為については、株主総会の決議を経ることなく、取締役会の決議によって行うことができるものとされている。

(2) 簡易再編

　簡易再編とは、株主にとっての影響が軽微である小規模な組織再編について、株主総会の決議を経ることなく、取締役会の決議によることができるというものである（会社法467条1項2号かっこ書、468条2項、784条2項、796条2項、805条・816条の4）。なお、新設合併・株式移転については、簡易再編の制度はない。

　取締役会では、合併契約等の承認決議が必要であり、取締役会議事録には合併契約書等を参照するかたちで記載するのが一般的である。

(3) 略式再編

　略式再編とは、他の会社の総株主の議決権の90%以上を有している会社が、その支配を受ける会社と組織再編行為を行う際に、支配を受ける会社の株主総会の決議を経ることなく、取締役会の決議によることができるというものである（会社法468条1項、784条1項、796条1項）。なお、新設合併・新設分割・株式移転・株式交付については、略式再編の制度はない。

　取締役会では、合併契約等の承認決議が必要であり、取締役会議事録には合併契約書等を参照するかたちで記載するのが一般的である。

(4) 登記手続

　簡易・略式再編による吸収合併等の登記申請については、承認決議を行った取締役会議事録を添付することになる（商業登記法46条2項）。併せて、簡易再編に該当することを証する書面として、要件を充足していることを証する代表取締役等の作成による証明書を[71]、略式再編に該当することを証する書面としては株主名簿等[72]を添付しなければならない（商業登記法80条2号・6号、85条2号・6号、86条6号、89条2号・6号、90条の2第3号）。

記載例3-35　決議：簡易合併契約の承認

第○号議案　　簡易合併契約承認の件

　議長は、当社グループの経営合理化のため、当社子会社であるABC開発株式会社を吸収合併することについて、別紙「合併契約書（案）」のとおり吸収合併契約を締結したい旨を述べた上で内容を詳細に説明し、その賛否を諮ったところ、審議の結果、出席取締役全員の賛成により承認可決された。

　なお、議長より、本合併が会社法第796条第2項の簡易合併に該当するため、株主総会の決議を要しない旨が付言された。

71　松井・商業登記561頁
72　平18・3・31民商782号通達（106頁）

5. 本店移転

(1) アウトライン

　会社の本店所在地は、定款の絶対的記載事項とされる（会社法27条3号）。ただし、所在地は、最小行政区画（市町村、東京都の特別区）とされており、定款において本店の具体的な住所である所在場所までは定めないことが多い。

　最小行政区画までを定款に定めている会社が、本店を移転する場合には、本店所在場所および移転日を取締役会の決議によって決定することになり（会社法362条4項4号）、取締役会議事録には、それらの事項を記載することになる。

(2) 移転日と決議日

　本店移転の実体的効力発生日は、本店所在場所の決定に関する取締役会の決議の日と引越し等現実の移転の日のどちらか遅い日とされる。例えば、10月1日に現実の移転が行われ、10月3日にその決議がなされた場合には、10月3日が本店移転の効力発生日となる。ただし、本店移転は本店所在場所の決定の決議に基づいて行われる必要があることから、10月1日に同日付で本店移転する旨の決議がなされ、10月3日に現実の移転が行われた場合には、決議に沿った本店移転がなされていないと評価され、10月3日を本店移転の効力発生日とすることはできず、当該登記申請も受理されない[73]。このような場合には、10月1日の決議において10月3日に移転する旨、もしくは10月1日から10月10日までに移転する旨の決議をすることで、10月3日を本店移転の効力発生日とすることができ、当該登記申請も受理される。

(3) 登記手続

　本店移転した場合には、本店の所在場所（会社法911条3項3号）について変更登記をしなければならない（会社法915条1項）。

　当該登記申請には、本店所在場所・移転日を決議した取締役会議事録を添

---

[73]　昭41・2・7民四75号回答

付することになる（商業登記法46条2項）。

記載例3-36　決議：本店移転

第○号議案　本店移転の件

　議長は、当社の業容拡大に伴い、下記のとおり本店を移転したい旨を述べた上で内容を詳細に説明し、その賛否を諮ったところ、審議の結果、出席取締役全員の賛成により承認可決された。

記

1. 新本店所在場所
　　東京都新宿区西新宿○丁目△番□号
2. 移転日
　　令和○年10月1日

---

6. 支店設置等

(1) アウトライン

　支店とは、一定の範囲において、ある程度独立して営業の継続が可能な人的・物的・会計的組織・施設を備えている営業所をいう[74]。

　会社法上の支店に該当する場合であっても、「支社」や「営業所」と呼称しているケースもあり、議事録にもそのように記載されることがあるが、登記手続を考慮すると、会社法上の支店であることが判明するように「支店」である旨を明示すべきである。

　支店の設置・移転・廃止については、取締役会の決議事項であり（会社法362条4項4号）、設置・移転・廃止を行う支店の所在場所およびその年月日を定め、取締役会議事録にはこれらを記載することになる。

(2) 登記手続

　支店の設置・移転・廃止をした場合には、当該支店の所在場所（会社法911

74　最判昭37・5・1民集16巻5号1031頁

条3項3号）とその年月日について登記をしなければならない（会社法915条1項）。なお、当該登記は、本店所在地を管轄する登記所に登記をするとともに、当該支店所在地を管轄する登記所にも登記をしなければならない（会社法930条1項、930条2項3号）。ただし、支店所在地における登記については、2022（令和4）年9月1日に廃止されることとされている（令和元年改正会社法附則1条ただし書、令和3年政令334号）。

　本店所在地における当該登記申請には、支店の設置等を決議した取締役会議事録を添付することになる（商業登記法46条2項）。

記載例3-37　決議：支店設置

第○号議案　支店設置の件

　議長は、取引エリアの拡張を目指し、下記のとおり新たに大阪支店を設置したい旨を述べた上で内容を詳細に説明し、その賛否を諮ったところ、審議の結果、出席取締役全員の賛成により承認可決された。

記

1. 支店所在場所
　　大阪市北区梅田○丁目△番□号
2. 支店設置年月日
　　令和○年10月31日

7.　子会社設立等

　支店その他の重要な組織の設置・変更・廃止は取締役会の決議事項であり（会社法362条4項4号）、子会社の設立や解散がそれに該当するケースも少なくない。その場合には、子会社の商号・本店・資本金額・役員・設立時期等の主要事項を決議し、取締役会議事録にはこれらを記載することになる。

記載例3-38　決議：子会社の設立

第○号議案　子会社設立の件

　議長は、当社建築部門を別法人として運営するため、下記のとおり当社の100％子会社を設立したい旨を述べた上で内容を詳細に説明し、その賛否を諮ったところ、審議の結果、出席取締役全員の賛成により承認可決された。

記

1. 商号　　　　　　東京建設株式会社
2. 本店　　　　　　東京都品川区大井町○丁目△番□号
3. 資本金　　　　　金1億円
4. 設立時役員　　　代表取締役　　法務　正夫
　　　　　　　　　取　締　役　　法田　正義
　　　　　　　　　取　締　役　　法司　誠志
　　　　　　　　　監　査　役　　法見　賢治
5. 事業年度　　　　10月1日〜翌年9月30日
6. 設立日（予定）　令和○年10月1日

8.　重要な組織の変更等

　重要な組織の設置・変更・廃止は取締役会の決議事項であり（会社法362条4項4号）、新たな部門の設置や既存部門の廃止の場合には、設置等する部門とその時期等について決議し、取締役会議事録にはこれらを記載することになる。なお、実務上は、重要な使用人に準じて、部単位の組織についてこの決議の対象とする例が多い。

記載例3-39　決議：経営企画室の新設

第○号議案　経営企画室新設の件

　議長は、当社の経営判断の適正かつ迅速化を図るため、令和○年11月1日付をもって新たに経営企画室を設けたい旨を述べ、その内容を詳細に説明し、その賛否を諮ったところ、審議の結果、出席取締役全員の賛成により承認可決された。

9.　取締役会規程の改訂

　取締役会規程とは、取締役会の役割・運営等について定める内部ルールである。上場会社においては、各種規程の整備が必要であり（有価証券上場規程施行規則204条10号参照）、取締役会規程は制定することが必須のものといえる。

　取締役会規程は、取締役が従うべきものであり、その改訂は、重要な業務執行の決定（会社法362条4項）に該当するものとして、取締役会の決議によることになる。

　取締役会規程の改訂は、新旧対照表等のかたちで変更箇所を明らかにし、その内容を取締役会議事録に記載することになる。

Ⅲ 各議案のポイントと記載例

記載例3-40　決議：取締役会規程の改訂

第○号議案　取締役会規程改訂の件

　議長は、各取締役の業務内容を考慮し取締役会の開催日を調整するため、取締役会規程第○条を下記のとおり改訂したい旨を述べた上で、その賛否を諮ったところ、審議の結果、出席取締役全員の賛成により承認可決された。

記

現行	変更案
第○条（種別等） 　取締役会は、定例取締役会と臨時取締役会とする。 2 定例取締役会は、毎月第4月曜日（当日が休日のときは、その翌日）に本店において開催する。ただし、やむを得ず開催できない場合には、これを変更または休会とすることができる。	第○条（種別等） 　取締役会は、定例取締役会と臨時取締役会とする。 2 定例取締役会は、毎月第3月曜日（当日が休日のときは、その翌日）に本店において開催する。ただし、やむを得ず開催できない場合には、これを変更または休会とすることができる。

- 201 -

第4章

監査役会議事録

Ⅰ　監査役会のポイント

　ここでは、監査役会について、その概要と監査役会議事録作成の前提となる基本的な知識を整理する。

1.　意義等

(1)　アウトライン

　監査役会とは、すべての監査役で組織される機関である（会社法390条1項）。本来はそれぞれの監査役が独立して行う監査について、各監査役で役割を分担し、監査役間で情報を共有することによって、取締役の職務執行を組織的・効率的に監査することが期待される。

(2)　設置

　監査役会は、株式会社に必ず設置しなければならない機関ではないが、公開会社である大会社（会社法2条6号）については、監査等委員会設置会社・指名委員会等設置会社を除き、監査役会を設置しなければならない（会社法328条1項）。

　銀行（銀行法4条の2第2号）、保険会社（保険業法5条の2第2号）や上場会社（有価証券上場規程437条1項2号）については、監査等委員会設置会社・指名委員会等設置会社を除き、監査役会を設置しなければならないとされる。

(3) 構成

　監査役会設置会社における監査役は3人以上で、そのうち半数以上は社外監査役（会社法2条16号）でなければならない（会社法335条3項）。

　監査役会設置会社においては、監査役の中から少なくとも1名の常勤監査役を選定しなければならない（会社法390条3項）。

2.　職務

　監査役会の職務は、ⅰ）監査および監査報告の作成、ⅱ）常勤監査役の選定・解職、ⅲ）監査の方針等監査役の職務の執行に関する事項の決定である（会社法390条2項）。

　ⅲ）についての決定は、各監査役の監査業務の重複等を避け、組織的な監査を図るためのものであるが、各監査役の独任制は維持されており、各監査役の権限の行使を妨げることはできない（会社法390条2項ただし書）。すなわち、監査役会の決定によって、監査の役割分担を定めたとしても各監査役が担当以外でその権限を行使することは可能ということになる。

3.　報告事項と決議事項

　監査役会の目的事項には、報告事項と決議事項がある。

　監査役は、監査役会の求めがあるときには、いつでもその職務の執行の状況を監査役会に報告しなければならない（会社法390条4項）。具体的な監査役会への報告事項としては、各監査役が作成した監査報告の他、監査役会の決定によって各監査役に分担された職務の遂行状況や、各監査役が取締役等から個別に受けた報告等が挙げられる。

　監査役会の決議事項は、「2.職務」に関する以外のものとして以下のものが挙げられる。

　ⅰ）会計監査人の解任（会社法340条1項・2項・4項）

　ⅱ）監査役の選任議案を株主総会に提出する際の同意（会社法343条1

第4章　監査役会議事録

項・3項）

iii) 監査役の選任を株主総会の目的とすること、または監査役の選任議案を株主総会に提出することの請求（会社法343条2項・3項）

iv) 株主総会に提出する会計監査人の選任・解任・再任しないことに関する議案の内容の決定（会社法344条1項・3項）

v) 一時会計監査人の職務を行う者の選任（会社法346条4項・6項）

vi) 取締役の会社に対する責任の免除等の議案提出の同意（会社法425条3項、426条2項、427条3項）

vii) 株主代表訴訟における会社の被告側への補助参加の同意（会社法849条3項）

viii) 取締役等の責任を追及する訴えに係る訴訟における和解（会社法849条の2）

なお、i）、vi）、vii）、viii）については、監査役全員の同意が必要である。

4. 招集

監査役会は、各監査役が招集できる（会社法391条）。なお、取締役会については、招集する取締役を定款または取締役会で定めることができるが（会社法366条1項ただし書）、監査役会については、独任制の観点から、招集権者を限定することはできないとされている[75]。

監査役会を招集するには、原則として監査役会の日の1週間前までに各監査役に対し、通知を発しなければならない（会社法392条1項）。ただし、定款でそれより短い期間とすることは可能である（会社法392条1項かっこ書）。また、監査役全員の同意があれば、招集の手続を経ることなく開催することができる（会社法392条2項）。

---

[75]　江頭・株式564頁

5. 決議方法等

　監査役会の決議は、監査役の過半数をもって行う（会社法393条1項）。

　監査役会には、株主総会（会社法309条1項参照）や取締役会（会社法369条1項参照）と異なり、定足数の定めはない。また、取締役会における特別の利害関係を有する取締役が議決に加わることができない旨の規定もない（会社法369条2項参照）。

　監査役全員の同意を要する事項については、個別に同意を得てもよいし、監査役会で監査役全員一致の決議によっても差し支えない。

6. 報告の省略

　取締役・会計参与・監査役・会計監査人が監査役会に報告すべき事項について、全監査役に対して通知したときには、当該事項を監査役会に報告することを要しない（会社法395条）。これは、取締役等が自ら監査役会を招集する権限がないため、監査役会への報告の代わりに監査役全員に対して報告すべき事項を通知すれば、報告義務を履行したこととするものである[76]。なお、取締役等による主な報告事項には、以下のものが挙げられる。

　i) 取締役が会社に著しい損害を及ぼすおそれのある事実があることを発見したとしてなされる報告（会社法357条1項・2項）

　ii) 会計参与が取締役の職務の執行に関し不正の行為、法令・定款違反の重大な事実があることを発見したとしてなされる報告（会社法375条1項・2項）

　iii) 会計監査人が取締役の職務の執行に関し不正の行為、法令・定款違反の重大な事実があることを発見したとしてなされる報告（会社法397条1項・3項）

　監査役会については、取締役会と異なり（会社法370条参照）、決議の省略をすることはできない。監査役会において決議の省略を認めることは、監査

76　江頭・株式565頁

役間の情報共有によって、監査を組織的・効率的に行うという趣旨に反するものであるからとされる[77]。

7. オンライン会議システム等の利用

　オンライン会議システム等を利用した監査役会の開催も認められるが、報告の省略と異なり（会社法395条参照）、実際に開催（以下「実開催」という）された監査役会ということになる。

　オンライン会議システム等を利用するには、出席者の音声や画像が即時に他の出席者に伝わり、互いに適時的確に意見表明ができなければならない。つまり、即時性と双方向性が確保され、相互のコミュニケーションを図ることのできる状況を設定できる装置が必要ということになる[78]。

Ⅱ　監査役会議事録のポイント

　ここでは、監査役会議事録の作成等のポイントを解説した上で、各種議事録のフォームを掲載する。

1. 作成者

　監査役会の議事については、議事録の作成者に関する法令の規定はない。実務上は、定款や監査役会規程の定めに基づき、常勤監査役が作成し、各監査役に署名または記名押印を求めるのが一般的である。

2. 作成時期

　監査役会議事録の作成時期については、法令の規定はないが、商業登記申

77　江頭・株式564頁
78　平14・12・18民商3044号回答

請に監査役会議事録を添付する場合があり、当該登記申請は原則として登記事項に変更が生じたときから2週間以内にしなければならないことから（会社法915条1項）、当然、監査役会議事録は当該期間内に作成する必要がある。

登記期間による制約がない場合でも、当該監査役会の日から10年間、監査役会議事録を本店に備え置かなければならないことから（会社法394条1項）、速やかに作成しなければならないということになる。

3. 実開催における記載事項

監査役会を実開催した場合の監査役会議事録の記載事項は、次のとおりである（会社法施行規則109条3項）。

(1) 標題

監査役会議事録の標題については、法定の記載事項ではないが、後日の検索性向上のために「監査役会議事録」と冠記するのが一般的である。なお、事業年度ごとに「第〇回」といった回次や、「〇月度」といった月次を記載する例も見られる。また、定例会と臨時会の区別を記載する例も見られる。

(2) 日時

監査役会が開催された日時を記載しなければならない（会社法施行規則109条3項1号）。なお、年次については西暦・和暦のどちらで記載しても差し支えず、例えば「令和4（2022）年」といったように両者を併記する例も見られる。時刻については、午前・午後を表記する、いわゆる12時間制でも、例えば「15時」と表記する、いわゆる24時間制の記載でも差し支えない。

(3) 場所

監査役会が開催された場所を記載しなければならない（会社法施行規則109条3項1号）。具体的には、場所が特定されれば差し支えなく、「当社本店会議室」といった記載をすることで足りる。ただし、会社の本店以外で開催さ

れた場合には、場所の名称に加えて住所を併記する例も見られる。

オンライン会議システム等を利用して監査役会を行った場合には、遠隔地等から参加した監査役等について、その出席の方法を記載することになる（会社法施行規則109条3項1号かっこ書）。なお、監査役会は、場所を前提とする会議体であるため、全員が自宅等からオンライン会議システム等により参加するような場合には、議長の所在場所を開催場所として、そこを起点に各監査役がオンライン会議システム等により出席するというかたちで開催することになる[79]。

(4) 出席役員等

監査役会に出席した取締役・会計参与・会計監査人がいる場合には、その氏名・名称を記載しなければならない（会社法施行規則109条3項4号）。なお、オンライン会議システム等を利用して監査役会を行った場合には、遠隔地等において参加した者も出席者であることから、その氏名・名称も記載することになる（会社法施行規則109条3項1号かっこ書）。

監査役会に出席した監査役については、取締役会議事録と同様に（会社法369条3項参照）、監査役会議事録に署名義務を負うため（会社法393条2項）、記載事項とされていないが、決議要件を充足したことを明確にするため、出席した監査役の署名等に加え、監査役の総数と出席監査役の数を記載するのが一般的である。

(5) 議長

監査役会に議長がいる場合には、その氏名を記載しなければならない（会社法施行規則109条3項5号）。

監査役会の議長は、法令上必ずしも求められるものでないが、会議の進行等を勘案して議長を置くのが一般的である。議長の選定方法としては、ⅰ）定款の定め、ⅱ）監査役会規程の定め、ⅲ）会議の都度、監査役の互選によることが考えられる。

---

[79]　弥永・コンメ会社規592頁

(6) 議事の経過の要領・結果

監査役会の議事の経過の要領およびその結果を記載しなければならない（会社法施行規則109条3項2号）。

議事の経過の要領としては次の事項が挙げられるが、監査役会の出席者の発言を一言一句記載する必要はなく、あくまで要約した内容を記載すれば足りる。どの程度の要約をし、または省略をした記載とするかは、恣意的でない限り、議事録作成者の裁量に委ねられる。

（a）開会

開会については、議長の就任、議長が開会を宣言した旨と開会時刻の記載がなされるのが一般的である。

（b）資料等参照

議事録に記載すべき事項に他の資料を参照するものがあるときには、「別紙○○のとおり…」等と記載することになる。

（c）質疑応答

審議の中で行われた質疑応答等について記載することになる。ただし、それらが「議事の経過の要領」に該当しないものであれば、議事録作成者の裁量で省略しても差し支えない。

（d）発言の概要

主要な意見等の発言があった場合には、その概要を記載することになる。ただし、以下の報告事項については、格別の記載をしなければならない（会社法施行規則109条3項3号）。

i) 取締役が会社に著しい損害を及ぼすおそれのある事実があることを発見したとしてなされた報告（会社法357条1項・2項参照）

ii) 会計参与が取締役の職務の執行に関し不正の行為や法令・定款違反の重大な事実があることを発見したとしてなされた報告（会社法375条1項・2項参照）

iii) 会計監査人が取締役の職務の執行に関し不正の行為や法令・定款違反の重大な事実があることを発見したとしてなされた報告（会社法397条1項・3項参照）

第4章　監査役会議事録

(e) 採決

決議事項の採決については、その結果を明確に記載する必要がある。具体的には、「出席監査役全員が異議なく賛成し…」や「監査役の過半数の賛成により…」等と記載することになる。なお、議事録の記載から決議要件を満たしていることが明らかでない場合には、当該議事録を添付した登記申請は受理されない（商業登記法24条8号）。

監査役会議事録に異議をとどめない監査役は、決議に賛成したものと推定されるため（会社法393条4項）、当該決議事項について反対や異議を述べた監査役がいる場合には、それを明らかにすべきである。

(f) 閉会

閉会については、議長が閉会を宣言した旨と閉会時刻の記載がなされるのが一般的である。

(7) 議事録作成者

監査役会議事録については、出席監査役に署名義務があることから（会社法393条2項）、株主総会議事録と異なり（会社法施行規則72条3項6号参照）、議事録の作成にかかる職務を行った監査役の氏名を記載する必要はない。

(8) 署名等

監査役会議事録が書面で作成されているときには、出席監査役が署名または記名押印（以下「署名等」という）をしなければならない（会社法393条2項）。また、監査役会議事録が電磁的記録で作成されているときには、出席監査役が電子署名をしなければならない（会社法393条3項、会社法施行規則225条1項7号）。

監査役会の議事の内容については正確性が要求され、さらに決議に参加した監査役であって、議事録に異議をとどめない者は、その決議に賛成したものと推定されることから（会社法393条4項）、出席監査役に署名等させることによって議事録の記載内容を確認させる趣旨である[80]。

80　落合誠一編『会社法コンメンタール8　機関(2)』492・493頁〔森本滋〕（商事法務、2009）

Ⅱ 監査役会議事録のポイント

　オンライン会議システム等を利用した場合であっても実開催には変わりないことから、遠隔地等から参加した監査役も出席者として署名等をしなければならない。

記載例4-1　監査役会議事録：実開催

第○回監査役会議事録

1. 日　　　時：令和○年8月31日（月曜日）　午前10時30分
2. 場　　　所：当社本店会議室
3. 出　席　者：監査役総数　3名　　　　出席監査役数　3名
　　　　　　　　春山　一郎、夏野　二郎、秋本　三郎
4. 議　　　長：常勤監査役　春山　一郎
5. 議事の経過の要領および結果
　定刻、監査役会規程の定めにより常勤監査役である春山一郎が議長となり、開会を宣し、直ちに議案の審議に入った。

　　　第1号報告　　○○の件
　　　　〜　　略　　〜

　　　第1号議案　　○○の件
　　　　〜　　略　　〜

　議長は、以上をもって本日の議事を終了した旨を述べ、午前11時30分閉会を宣し、散会した。

　以上、議事の経過の要領および結果を明確にするため、この議事録を作成し、出席監査役が次に記名押印する。

令和○年8月31日

株式会社ABC商事　監査役会

第4章　監査役会議事録

　　　　　議長・常勤監査役　　春　山　　一　郎　　㊞

　　　　　　　　社外監査役　　夏　野　　二　郎　　㊞

　　　　　　　　社外監査役　　秋　本　　三　郎　　㊞

記載例4-2　監査役会議事録：オンライン会議システム等の利用

第○回監査役会議事録

1. 日　　　　時：令和○年8月31日（月曜日）　午前10時30分
2. 場　　　　所：当社本店会議室
3. 出　席　者：監査役総数　3名　　　　出席監査役数　3名
　　　　　　　　本店において出席：春山　一郎、夏野　二郎
　　　　　　　　オンライン会議システムによる出席：秋本　三郎
4. 議　　　　長：常勤監査役　春山　一郎
5. 議事の経過の要領および結果

　定刻、オンライン会議システムにより、出席者の音声が即時に他の出席者に伝わり、出席者が一堂に会するのと同等に適時的確な意見表明が互いにできる状態となっていることが確認され、監査役会規程の定めにより常勤監査役である春山一郎が議長となり、開会を宣し、直ちに議案の審議に入った。

　　　第1号報告　　○○の件
　　　　〜　　略　　〜

　　　第1号議案　　○○の件
　　　　〜　　略　　〜

　議長は、オンライン会議システムに終始異常なく、本日の議事を終了した旨を述べ、午前11時30分閉会を宣し、散会した。

以上、議事の経過の要領および結果を明確にするため、この議事録を作成し、出席監査役が次に記名押印する。

令和○年8月31日

株式会社ABC商事　監査役会

　　　　　　議長・常勤監査役　　春　山　一　郎　　㊞

　　　　　　　　社外監査役　　夏　野　二　郎　　㊞

　　　　　　　　社外監査役　　秋　本　三　郎　　㊞

4.　報告の省略における記載事項

　報告の省略（会社法395条）の場合であっても、監査役会議事録を作成しなければならず、その記載事項は次のとおりである（会社法施行規則109条4項）。

(1)　標題
　実開催の場合と同様に、「監査役会議事録」と記載するのが一般的である。「第○回」や「○月度」という記載はせず、実開催でないことが一目で分かるよう「監査役会議事録（報告の省略）」と記載する例も見られる。

(2)　報告を要しないものとされた事項の内容
　監査役会への報告を要しないものとされた事項について、その内容を記載しなければならない（会社法施行規則109条4項1号）。

(3)　報告を要しないものとされた日
　取締役・会計参与・監査役・会計監査人が監査役全員に対して報告事項を

通知した日を記載しなければならない（会社法施行規則109条4項2号）。な
お、順次に通知が行われた場合には、最終の監査役に通知した日を記載する
ことになる。

(4) 議事録作成者

　報告の省略についての監査役会議事録には、議事録の作成にかかる職務を
行った監査役の氏名を記載しなければならない（会社法施行規則109条4項3
号）。

　監査役会が実開催された場合には、作成された監査役会議事録に出席監査
役が署名または記名押印しなければならないが（会社法393条2項）、報告の
省略がなされた場合には、出席した監査役が存在しないため、議事録の作成
にかかる職務を行った監査役の氏名の記載が求められる。

(5) 署名等

　報告の省略の場合には、出席した監査役は存在しないことから、署名等は
要しないということになるが、当該議事録についての原本性の確保や偽造・
変造の防止の観点から、議事録の作成にかかる職務を行った監査役に署名等
させることは有益であると考える。

記載例4-3　監査役会の報告の省略に関する通知書

令和○年1月17日

監査役各位

大阪市西区新町○丁目○番○号
四ツ橋電機株式会社
取締役　冬山　四郎

通　知　書

　今般、会社法第395条の規定に基づき、監査役会へ報告すべき事項に関
して下記のとおり通知いたします。

なお、本報告は、当社の監査役全員に対して通知しており、監査役会へ報告することを要しないものとされることを申し添えます。

記

報告事項
　　第1号報告　　　○○の件
　　　　　　～略～

記載例4-4　監査役会議事録：報告の省略

監査役会議事録
（報告の省略）

1. 報告を要しないものとされた事項の内容
　　第1号報告　　○○の件

　　～略～

2. 報告を要しないものとされた日
　　令和○年1月17日

　令和○年1月17日付で取締役である冬山四郎は、監査役会に報告すべき事項につき、当社の監査役全員に対して書面により通知をした。
　よって、会社法第395条の規定に基づき、監査役会への報告を要しないものとされた。

　上記のとおり、監査役会への報告の省略を行ったので、報告を要しないものとされた事項を明確にするため、本議事録を作成する。

　令和○年1月17日

　四ツ橋電機株式会社　監査役会

議事録の作成にかかる職務を行った監査役　　　春　山　一　郎　　㊞

5. 登記申請への添付

　監査役会議事録を登記申請に添付する場合は限定的であり、具体的には監査役会が会計監査人を解任した場合（会社法340条1項・2項・4項）と、監査役会が一時会計監査人の職務を行う者である仮会計監査人を選任した場合（会社法346条4項・6項）である。

　会計監査人を解任した場合の登記申請には、その退任を証する書面として監査役会議事録を添付することになる（商業登記法54条4項）。また、仮会計監査人の就任の登記申請には、その選任を証する書面として監査役会議事録を添付することになる（商業登記法55条1項1号）。

6. 備置き

　監査役会議事録は、監査役会の日から10年間、会社の本店に備え置かなければならない（会社法394条1項）。なお、取締役会議事録と同様に（会社法318条3項参照）、支店に備え置く必要はない。

　株主および親会社の社員（会社法31条3項）は、その権利行使のために必要があるときには、裁判所の許可を得て、監査役会議事録の閲覧・謄写を請求することができる（会社法394条2項・3項）。また、会社の債権者が役員の責任を追及するために必要があるときにも、裁判所の許可を得て、監査役会議事録の閲覧・謄写を請求することができる（会社法394条2項・3項）。ただし、裁判所は、当該請求に基づき閲覧・謄写をすることによって、会社または親会社もしくは子会社に著しい損害を及ぼすおそれがあると認めるときには、これを許可してはならない（会社法394条4項）。

Ⅲ 各議案のポイントと記載例

ここでは、監査役会議事録に記載すべき具体的な議案についてのポイントを解説した上で、その記載例を掲載する。

1. 監査報告の作成

監査役会設置会社においては、各監査役がそれぞれ監査報告を作成し、これに基づき監査役会としての監査報告を作成することになる（会社法施行規則130条1項、会社計算規則123条1項、128条1項）。

監査役会が監査報告を作成する場合には、監査役会で当該監査報告の内容を審議しなければならない（会社法施行規則130条3項、会社計算規則123条3項、128条3項）。

各監査役は自ら作成した監査報告と監査役会の監査報告で内容が異なる場合には、その異なる事項の内容を監査役会の監査報告に付記することができる（会社法施行規則130条2項、会社計算規則123条2項、128条2項）。

監査報告の作成に関する議案においては、監査役会としての監査報告の内容を決議することとなり、監査役会議事録には、別紙として監査報告書を添付等して具体的な監査報告の内容を記載することになる。

記載例4-5　議案：監査報告の作成

第○号議案　　　監査報告作成の件

議長は、第○期（令和○年4月1日から令和○年3月31日）の監査の結果について、各監査役の監査報告に基づき、別紙のとおり監査役会としての監査報告を作成したい旨を述べ、その賛否を諮ったところ、審議の結果、出席監査役全員の賛成により承認可決された。

2. 監査方針の決定

　監査の方針は、監査役会の職務として決定しなければならない（会社法390条2項3号）。

　監査方針の決定に関する議案においては、監査の方針のほか、業務および財産の状況の調査方法や各監査役の職務執行に関する事項を決議することになり、監査役会議事録にはこれらを記載することになる。

記載例4-6　議案：監査方針の決定

　　　　　　　　第○号議案　　　監査方針決定の件

　議長は、今期の当監査役会で行う監査の方針について、別紙のとおりとしたい旨を述べ、その賛否を諮ったところ、審議の結果、出席監査役全員の賛成により承認可決された。

---

3. 常勤監査役の選定

　監査役会設置会社においては、監査役の中から少なくとも1名の常勤監査役を選定しなければならない（会社390条2項2号・3項）。常勤監査役とは他に常勤する仕事等がなく、会社の営業時間中は原則として監査役の職務に専念する者をいう[81]。なお、常勤監査役は社外監査役であっても差し支えない。

　常勤監査役の選定に関する議案においては、具体的に常勤監査役を選定する決議を行い、仮に被選定者が席上就任を承諾した場合には、その旨も含め監査役会議事録に記載することになる。

記載例4-7　議案：常勤監査役の選定

　　　　　　　　第○号議案　　　常勤監査役選定の件

　議長は、令和○年6月25日開催の第○期定時株主総会において、新た

---

[81]　江頭・株式562頁

に監査役が選任されたため、常勤の監査役を選定する必要がある旨を述べ、佐藤一郎を常勤の監査役として選定することの賛否を諮ったところ、審議の結果、出席監査役全員の賛成により承認可決された。

なお、被選定者は、席上その就任を即時に承諾した。

4. 特定監査役の選定

監査役会設置会社において、事業報告や計算関係書類等に関する監査役会の監査報告の内容を特定取締役や会計監査人に通知したり、会計監査人が会計監査報告の内容を通知する相手方となる役割を担う特定監査役を選定することができる（会社法施行規則132条1項・5項2号イ、会社計算規則124条1項・5項2号イ、130条1項・5項2号イ、132条1項）。なお、特定監査役を選定しない場合には、すべての監査役が特定監査役の職務を行うこととなる（会社法施行規則132条5項2号ロ、会社計算規則124条5項2号ロ、130条5項2号ロ）。

特定監査役の選定に関する議案においては、常勤監査役の選定議案と同様に、具体的に特定監査役を選定する決議を行い、仮に被選定者が席上就任を承諾した場合には、その旨も含め監査役会議事録に記載することになる。

記載例4-8　議案：特定監査役の選定

第○号議案　　特定監査役選定の件

議長は、会社法施行規則第132条第5項および会社計算規則第130条第5項に規定する特定監査役を山田太郎としたい旨を述べ、その賛否を諮ったところ、審議の結果、出席監査役全員の賛成により承認可決された。

なお、被選定者は、席上その就任を即時に承諾した。

5. 監査役の報酬等の決定

　各監査役の具体的な報酬等については、定款の定めまたは株主総会の決議により定める場合を除き、定款または株主総会で決議された報酬等の範囲内で監査役の協議によって決定することになる（会社法387条2項）。当該協議は、監査役全員がその内容に合意する必要があり、監査役会外で決定することもできるが、結果として全員一致であれば、監査役会の決議で決定しても差し支えない。

　監査役会において、監査役全員の一致による決議によって各監査役の報酬等を定めた場合には、監査役会議事録に監査役ごとの具体的な報酬の額を記載することになる。

記載例4-9　議案：監査役の報酬等の決定

第○号議案　監査役の報酬等の決定の件

　議長は、令和○年6月25日開催の第○期定時株主総会において承認された監査役の報酬総額金2,400万円の具体的な配分を決定したい旨を述べ、審議の結果、出席監査役全員の同意により、下記のとおりとすることに決定した。

記

　　常勤監査役　春山　一郎　　月額金100万円
　　社外監査役　夏野　二郎　　月額金50万円
　　社外監査役　秋本　三郎　　月額金50万円

---

6. 監査役の退職慰労金贈呈の決定

　監査役の退職慰労金は報酬等に該当し、定款に定めがある場合を除き、株主総会の普通決議によって決定することになる（会社法387条1項）。

　株主総会の決議においては、一定の基準に従い支給することとし、具体的

な支給額の決定は監査役の協議に委ねるケースが一般的である。当該協議は、監査役全員がその内容に合意する必要があり、監査役会外で決定することもできるが、結果として全員一致であれば、監査役会の決議で決定しても差し支えない。

監査役会において、監査役全員の一致による決議によって監査役の退職慰労金を定めた場合には、監査役会議事録にその具体的な退職慰労金の額を記載することになる。

記載例4-10 議案：監査役の退職慰労金贈呈の決定

第○号議案　監査役の退職慰労金贈呈の決定の件

　議長は、令和○年6月25日開催の第○期定時株主総会において、同総会終結時をもって任期満了により監査役を退任した大阪次郎に対する退職慰労金贈呈議案が承認されたことを報告し、その具体的な金額等について、当社が定める役員退職慰労金規程に基づき下記のとおりとしたい旨を述べ、その賛否を諮ったところ、審議の結果、出席監査役全員の同意により決定した。

記

退職慰労金の額　　金300万円
支給時期　　　　　令和○年7月31日

7. 会計監査人選任等の議案の決定

監査役会は、株主総会に提出する会計監査人の選任・解任・再任しないことに関する議案の内容を決定しなければならない（会社法344条1項・3項）。これは、会計監査人の取締役からの独立性を確保する趣旨である[82]。

会計監査人の選任に関する議案においてはもちろんであるが、解任や再任しないことに関する議案においても次に選任する会計監査人候補者が決定している場合には、当該選任に関する議案の内容も監査役会で決議し、当該事

項も含め監査役会議事録に記載すべきである。

記載例4-11　議案：会計監査人選任等の議案の決定

> 第○号議案　　会計監査人選任等の議案の決定の件
>
> 　議長は、令和○年6月25日開催の第○期定時株主総会において、別紙のとおり現任のABC監査法人を再任せず、XYZ監査法人を新たに選任する議案について決定したい旨を述べ、その賛否を諮ったところ、審議の結果、出席監査役全員の賛成により承認可決された。

8. 会計監査人報酬等の同意

　取締役が会計監査人の報酬等を定める場合には、監査役会の同意を得なければならない（会社法399条1項・2項）。当該同意をするか否かの決定は監査役会の決議によることになる。これは、会計監査人の監査を受ける立場である取締役のみが報酬の決定に関わるとすると、会計監査人が会社に対して十分な役務を提供することが困難であるような低い水準に報酬等を抑制したいとのインセンティブが働きかねないことや、逆に高すぎる報酬等による会計監査人と取締役との癒着を防止することがその理由とされている[83]。

　会計監査人の報酬等に関する同意について決議する場合には、その具体的な金額を明示し、監査役会議事録においても当該報酬等の額を記載することになる。

---

[83]　江頭・株式643頁

Ⅲ 各議案のポイントと記載例

記載例4-12　議案：会計監査人報酬等の同意

> 　　　　第○号議案　　会計監査人報酬等の同意の件
>
> 　議長は、第○期（令和○年4月1日から令和○年3月31日まで）の会計
> 監査人ABC監査法人の報酬等について、取締役である山田太郎より年額
> 金2,800万円としたい旨の提示があったことを報告し、その賛否を諮った
> ところ、審議の結果、出席監査役全員の賛成により承認可決された。

9. 監査役会規程の改訂

　監査役会規程とは、監査役会の役割・運営等について定める会社の内部
ルールである。当該規程については、法令で規定されているものではないが、
上場会社等では制定されるのが一般的である。

　監査役会規程は、監査役会の自治規範であり、監査役の独立性を確保する
観点から、取締役会ではなく監査役会で定めなければならない。なお、それを
改訂する場合も同様である（会社法390条2項3号）。

　監査役会規程を改訂する議案においては、新旧対照表等のかたちで変更箇
所を明らかにし、その内容を監査役会議事録に記載することになる。

第4章　監査役会議事録

記載例4-13　議案：監査役会規程の改訂

第○号議案　　監査役会規程の改訂

　議長は、監査役会の運営をより円滑にするため、監査役会規程を以下のとおり改訂したい旨を述べ、その賛否を諮ったところ、審議の結果、出席監査役全員の賛成により承認可決された。

記

現行	変更案
第○条（議長） 　監査役会の議長は、監査役の中から監査役会の決議により定める。	第○条（議長） 　監査役会の議長は、常勤監査役とする。なお、常勤監査役が議長となることに支障がある場合には、監査役の中から監査役会の決議により定める。

第5章

監査等委員会議事録

I 監査等委員会のポイント

ここでは、監査等委員会について、その概要と監査等委員会議事録作成の前提となる基本的な知識を整理する。

1. 意義等

(1) アウトライン

監査等委員会とは、平成26年会社法改正（平成26年法律90号）によって導入された、公開会社であるか否か、大会社であるか否かを問わず、株式会社であれば設置することができる機関である。

監査等委員会設置会社は、業務執行者に対する監督を取締役会の中心的な役割とする、いわゆるモニタリングモデルを指向する機関設計であるとされる[84]。

(2) 設置

監査等委員会を設置するには、取締役会と会計監査人を置かなければならない（会社法327条1項3号・5項）。

監査等委員会設置会社では、会社の規模等に関わらず、いわゆる内部統制システムの整備が義務付けられている（会社法399条の13第1項1号ハ）。また、その監査の在り方としては、当該システムを利用した業務執行のモニタリングを中心とすることが想定されており、計算書類の適正性・信頼性の確保が重要となるため、会計監査人が必須の機関とされている（会社法327条5

---

84 坂本三郎ほか「平成26年改正会社法の解説(II)」商事法務2042号（2014）26頁

項)[85]。

(3) 構成

　監査等委員会設置会社における監査等委員は3人以上で、その過半数は社外取締役でなければならない（会社法331条6項）。なお、監査等委員会設置会社においては、監査役会設置会社と異なり（会社法390条3項参照）、常勤の監査等委員を置くことは求められていない。

(4) 監査等委員の選任等

　監査等委員である取締役は、株主総会の普通決議（ただし、定足数の下限は3分の1）によって選任することになるが（会社法329条1項、341条）、監査等委員でない取締役と区別して選任しなければならない（会社法329条2項）。また、取締役は、監査等委員である取締役の選任に関する議案を株主総会に提出するには、監査等委員会の同意を得なければならない（会社法344条の2第1項）。

　監査等委員である取締役の解任は、監査役と同様に、株主総会の特別決議によらなければならない（会社法309条2項7号、344条の2第3項）。

(5) 監査等委員の報酬等

　監査等委員である取締役の報酬等は、他の取締役と同様に、定款または株主総会の普通決議で決定しなければならない（会社法361条1項）。なお、同じように監査を担当する役員である監査役の報酬等が確定額である金銭報酬のみを想定しているのに対して（会社法387条1項参照）、監査等委員である取締役の報酬等は、監査等委員でない取締役と同様、以下の5つのパターンが認められている（会社法361条1項）。

　　i)　額が確定している場合には、その額

　　ii)　額が確定していない場合には、その算定方法

　　iii)　金銭でない場合には、その具体的な内容

85　法務省民事局参事官室「会社法制の見直しに関する中間試案の補足説明」5頁（http://www.moj.go.jp/content/000084700.pdf）

iv) 募集株式・募集新株予約権である場合には、その数の上限等
v) 募集株式・募集新株予約権の払込みに充てるための金銭である場合には、当該募集株式・募集新株予約権の数の上限等

　監査等委員である取締役の報酬等は、監査等委員でない取締役の報酬等と区別して定めなければならない（会社法361条2項）。また、監査等委員である個々の取締役の報酬等が定款または株主総会の決議によって定められていないときには、監査等委員全員による協議で定めることになる（会社法361条3項）。なお、監査役と同様に、協議により特定の監査等委員に決定を一任することは許されるものと解される。

(6) 業務執行の決定の委任

　取締役の過半数が社外取締役である監査等委員会設置会社、または定款に重要な業務執行の決定を業務執行取締役に委任する旨の定めがある監査等委員会設置会社においては、取締役会から業務執行取締役に対し、以下の事項を除き、重要な業務執行の決定を委任することができる（会社法399条の13第5項・6項）。

　この制度は、モニタリングを志向する監査等委員会設置会社では、社外取締役が逐一意思決定に参加することなく、執行の監督に専念すべきこと等を考慮したものであるとされる[86]。

1号	譲渡制限株式の譲渡承認・譲渡先指定
2号	自己株式取得の決定
3号	譲渡制限付き新株予約権の譲渡承認
4号	株主総会の議題・招集の決定
5号	株主総会提出議案の決定
6号	社外取締役への業務執行の委託
7号	取締役の個人別の報酬等の内容の決定方針の決定

86　坂本・一問一答64頁

8号	取締役の競業取引・利益相反取引の承認
9号	取締役会の招集者の限定
10号	監査等委員である取締役が会社を訴えた場合の会社代表者の決定
11号	定款の定めに基づく取締役等の責任一部免除の決定
12号	補償契約の内容の決定
13号	役員等賠償責任保険契約の内容の決定
14号	計算書類の承認
15号	中間配当の決定
16号	事業譲渡等の内容の決定
17号～22号	組織再編の内容の決定

2. 職務

　監査等委員会の職務は、ⅰ）監査および監査報告の作成、ⅱ）株主総会に提出する会計監査人の選任・解任・不再任に関する議案の内容の決定、ⅲ）監査等委員の選任・解任・辞任に関して株主総会で述べる意見の決定、ⅳ）監査等委員ではない取締役の報酬等に関する意見の決定である（会社法399条の2第3項）。

　監査役会が、独任制である監査役の監査業務の重複等を避け、組織的な監査をするための合議体であるのに対し、監査等委員会は、あくまで組織として監査権限を有し、個々の監査等委員は具体的な権限を有しないため、各「監査役の権限の行使を妨げることはできない」（会社法390条2項ただし書）という規定は設けられていない。

3. 報告事項と決議事項

　監査等委員会の目的事項には、報告事項と決議事項がある。

　監査等委員会においては、取締役会（会社法363条2項参照）や監査役会

（会社法390条4項参照）と異なり、監査等委員からの監査等委員会への報告に関する規定は設けられていないが、各監査等委員は職務の状況等を監査等委員会に報告することになる。

監査等委員会の決議事項は、「2.職務」に関する以外のものとしては以下のものが挙げられるが、これらに限らず監査等委員会は組織として権利行使等を行うことになるため、監査等委員会が具体的なアクションをする場合には、監査等委員会の決議に基づくのが原則である。

　i）会計監査人の解任（会社法340条1項・2項・5項）
　ii）監査等委員ではない取締役の選任・解任・辞任について株主総会で述べる監査等委員会の意見の決定（会社法342条の2第4項）
　iii）監査等委員である取締役の選任に関する議案を株主総会に提出する場合の監査等委員会の同意（会社法344条の2第1項）
　iv）一時会計監査人の職務を行う者の選任（会社法346条4項・7項）
　v）監査等委員ではない取締役の報酬について株主総会で述べる監査等委員会の意見の決定（会社法361条6項）
　vi）利益相反取引の承認（会社法423条4項）
　vii）取締役の会社に対する責任の免除等の議案提出の同意（会社法425条3項2号、426条2項、427条3項）
　viii）株主代表訴訟における会社の被告側への補助参加の同意（会社法849条3項2号）
　ix）取締役等の責任を追及する訴えに係る訴訟における和解（会社法849条の2第2号）

監査役会と同様に、i）、vii）、viii）、ix）については、監査等委員会の決議ではなく監査等委員全員の同意が必要である。

4. 招集

監査等委員会は、各監査等委員が招集することができる（会社法399条の

8)。なお、取締役会と異なり（会社法366条1項ただし書参照）、招集権者を特定の者に限定することは認められていない。

監査等委員会を招集するには、原則として監査等委員会の日の1週間前までに各監査等委員に対し、通知を発しなければならない（会社法399条の9第1項）。ただし、定款で当該期間を短縮することができ、監査等委員全員の同意がある場合には招集の手続を省略することもできる（会社法399条の9第1項かっこ書、2項）。なお、当該通知については、取締役会と同様に、必ずしも書面である必要はなく、目的事項を明示することも求められていない。

監査等委員でない取締役は、監査等委員会の要求があったときには、監査等委員会に出席し、監査等委員会が求めた事項について説明をしなければならない（会社法399条の9第3項）。なお、それ以外の場合には、監査等委員でない取締役は、監査等委員会に出席することはできない。

5. 決議方法等

監査等委員会の決議は、監査等委員の過半数が出席し、その過半数をもって行う（会社法399条の10第1項）。監査役会は常に監査役の過半数が可決要件であるのに対し（会社法393条1項参照）、監査等委員会では、過半数の出席を定足数として、その過半数を可決要件としている。これは、独任制である監査役の合議体である監査役会に対し、監査等委員会自体が監査等に関する権限を有し、監査等委員はその構成員であるという違いに起因するものであるといえる。

ある決議に特別の利害関係を有する監査等委員は、取締役会における取締役と同様に（会社法369条2項参照）、当該決議に参加することはできない（会社法399条の10第2項）。

監査等委員全員の同意を要する事項については、個別に同意を得てもよいし、監査等委員会で監査等委員全員一致の決議によっても差し支えない。

6. 報告の省略

　取締役・会計参与・会計監査人が監査等委員の全員に対して監査等委員会に報告すべき事項を通知したときには、当該事項を監査等委員会で報告することを要しない（会社法399条の12）。これは、監査役会への報告の省略と同様（会社法395条参照）、取締役等が自ら監査等委員会を招集する権限がないため、監査等委員会への報告の代わりに監査等委員全員に対して報告すべき事項を通知すれば、報告義務を履行したこととするものである。なお、取締役等による主な報告事項には、以下のものが挙げられる。

　　i）取締役が会社に著しい損害を及ぼすおそれのある事実があることを発見したとしてなされる報告（会社法357条1項・3項）

　　ii）会計参与が取締役の職務の執行に関し不正の行為、法令・定款違反の重大な事実があることを発見したとしてなされる報告（会社法375条1項・3項）

　　iii）会計監査人が取締役の職務の執行に関し不正の行為、法令・定款違反の重大な事実があることを発見したとしてなされる報告（会社法397条1項・4項）

　監査等委員会については、取締役会と異なり（会社法370条参照）、決議の省略をすることはできない。

7. オンライン会議システム等の利用

　オンライン会議システム等を利用した監査等委員会も認められるが、報告の省略と異なり（会社法399条の12参照）、実際に開催（以下「実開催」という）された監査等委員会ということになる。

　オンライン会議システム等を利用するには、出席者の音声や画像が即時に他の出席者に伝わり、互いに適時的確に意見表明ができなければならない。つまり、即時性と双方向性が確保され、相互のコミュニケーションを図ることのできる状況を設定できる装置が必要ということになる[87]。

87　平14・12・18民商3044号回答

II 監査等委員会議事録のポイント

ここでは、監査等委員会議事録の作成等のポイントを解説した上で、各種議事録のフォームを掲載する。

1. 作成者

監査等委員会の議事については、議事録の作成者に関する法令の規定はない。実務上は、定款や監査等委員会規程に定めがあれば、それに従うことになる。

2. 作成時期

監査等委員会議事録の作成時期について、法令の規定はないが、商業登記申請に監査等委員会議事録を添付する場合があり、当該登記申請は原則として登記事項に変更が生じたときから2週間以内にしなければならないことから（会社法915条1項）、この場合は当然、当該期間内に監査等委員会議事録を作成する必要がある。

登記期間による制約がない場合でも、監査等委員会終了後、当該委員会の日から10年間、監査等委員会議事録を本店に備え置かなければならないことから（会社法399条の11第1項）、速やかに作成しなければならないということになる。

3. 実開催における記載事項

監査等委員会を実開催した場合の監査等委員会議事録の記載事項は、次のとおりである（会社法施行規則110条の3第3項）。

Ⅱ 監査等委員会議事録のポイント

(1) 標題

　監査等委員会議事録の標題については、他の議事録と同様に法定の記載事項ではないが、後日の検索性向上のために「監査等委員会議事録」と冠記するのが一般的である。なお、事業年度ごとに「第〇回」といった回次や、「〇月度」といった月次を記載する例も見られる。また、定例会と臨時会の区別を記載する例も見られる。

(2) 日時

　監査等委員会が開催された日時を記載しなければならない（会社法施行規則110条の3第3項1号）。なお、年次については西暦・和暦のどちらで記載しても差し支えず、例えば「令和4（2022）年」といったように両者を併記する例も見られる。時刻については午前・午後を表記する、いわゆる12時間制でも、例えば「15時」と表記する、いわゆる24時間制での記載でも差し支えない。

(3) 場所

　監査等委員会が開催された場所を記載しなければならない（会社法施行規則110条の3第3項1号）。具体的には、場所が特定されれば差し支えなく、「当社本店会議室」といった記載をすることで足りる。ただし、会社の本店以外で開催された場合には、場所の名称に加えて住所を併記する例も見られる。

　オンライン会議システム等を利用して監査等委員会を行った場合には、遠隔地の会場から参加した監査等委員等について、その出席の方法を記載することになる（会社法施行規則110条の3第3項1号かっこ書）。なお、監査等委員会は、場所を前提とする会議体であるため、全員が自宅等からオンライン会議システム等により参加するような場合には、議長の所在場所を開催場所として、そこを起点に各監査等委員がオンライン会議システム等により出席するというかたちで開催することになる[88]。

88　弥永・コンメ会社規592頁

（4）出席役員等

　監査等委員会に出席した監査等委員ではない取締役・会計参与・会計監査人がいる場合には、その氏名・名称を記載しなければならない（会社法施行規則110条の3第3項5号）。なお、オンライン会議システム等を利用して監査等委員会を行った場合には、遠隔地等において参加した者も出席者であることから、その氏名・名称を記載することになる（会社法施行規則110条の3第3項1号かっこ書）。

　監査等委員会に出席した監査等委員については、取締役会議事録（会社法369条3項参照）・監査役会議事録（会社法393条2項参照）と同様に、監査等委員会議事録に署名義務を負うため（会社法399条の10第3項）、記載事項とされていないが、決議要件を充足したことを明確にするため、出席した監査等委員の署名等に加え、監査等委員の総数と出席監査等委員の数を記載するのが一般的である。

（5）特別利害関係人

　監査等委員会の決議を要する事項について特別の利害関係を有する監査等委員がいるときには、取締役会議事録と同様に（会社法施行規則101条3項5号参照）、その氏名を記載しなければならない（会社法施行規則110条の3第3項3号）。

　実務上は、特別の利害関係を有する監査等委員の欄を別に設けるのではなく、各議案の箇所において、「監査等委員○○は特別利害関係人に該当するため、議決権を行使しなかった」などと記載する例が多い。

（6）議長

　監査等委員会に議長がいる場合には、その氏名を記載しなければならない（会社法施行規則110条の3第3項6号）。

　監査等委員会の議長は、法令上必ずしも求められるものでないが、会議の進行等を勘案して議長を置くのが一般的である。議長の選定方法としては、ⅰ）定款の定め、ⅱ）監査等委員会規程の定め、ⅲ）会議の都度、監査等委員

の互選によることが考えられる。

(7) 議事の経過の要領・結果

　監査等委員会の議事の経過の要領およびその結果を記載しなければならない（会社法施行規則110条の3第3項2号）。

　議事の経過の要領としては次の事項が挙げられるが、監査等委員会の出席者の発言を一言一句記載する必要はなく、あくまで、要約した内容を記載すれば足りる。どの程度の要約をし、または省略をした記載とするかは、恣意的でない限り、議事録作成者の裁量に委ねられる。

(a) 開会

　開会については、議長の就任、議長が開会を宣言した旨と開会時刻の記載がなされるのが一般的である。

(b) 資料等参照

　議事録に記載すべき事項に他の資料を参照するものがあるときは、「別紙○○のとおり…」等と記載することになる。

(c) 質疑応答

　審議の中で行われた質疑応答等について記載することになる。ただし、それらが「議事の経過の要領」に該当しないものであれば議事録作成者の裁量で省略しても差し支えない。

(d) 発言の概要

　主要な意見等の発言があった場合には、その概要を記載することになる。ただし、以下の報告事項については、格別の記載をしなければならない（会社法施行規則110条の3第3項4号）。

　i) 取締役が会社に著しい損害を及ぼすおそれのある事実があることを発見したとしてなされた報告（会社法357条1項・3項参照）

　ii) 会計参与が取締役の職務の執行に関し不正の行為、法令・定款違反の重大な事実があることを発見したとしてなされた報告（会社法375条1項・3項参照）

　iii) 会計監査人が取締役の職務の執行に関し不正の行為、法令・定款違反

の重大な事実があることを発見したとしてなされた報告（会社法397
条1項・4項参照）

(e) 採決

決議事項の採決については、その結果を明確に記載する必要がある。具
体的には、「出席監査等委員全員が異議なく賛成し…」や「出席監査等委員
の過半数の賛成により…」等と記載することになる。なお、議事録の記載
から決議要件を満たしていることが明らかでない場合には、当該議事録を
添付した登記申請は受理されない（商業登記法24条8号）。

監査等委員会議事録に異議をとどめない監査等委員は、決議に賛成した
ものと推定されるため（会社法399条の10第5項）、当該決議事項について
反対や異議を述べた監査等委員がいる場合には、それを明らかにすべきで
ある。

(f) 閉会

閉会については、議長が閉会を宣言した旨と閉会時刻の記載がなされる
のが一般的である。

(8) 議事録作成者

監査等委員会議事録については、出席監査等委員に署名義務があることか
ら（会社法399条の10第3項）、株主総会議事録と異なり（会社法施行規則72
条3項6号参照）、議事録の作成にかかる職務を行った監査等委員の氏名を記
載する必要はない。

(9) 署名等

監査等委員会議事録が書面で作成されているときには、出席監査等委員が
署名または記名押印（以下「署名等」という）をしなければならない（会社法
399条の10第3項）。また、監査等委員会議事録が電磁的記録で作成されてい
るときには、出席監査等委員が電子署名をしなければならない（会社法399条
の10第4項、会社法施行規則225条1項8号）。

監査等委員会の議事の内容については正確性が要求され、さらに決議に参

Ⅱ 監査等委員会議事録のポイント

加した監査等委員であって、議事録に異議をとどめない者は、その決議に賛成したものと推定されることから（会社法399条の10第5項）、出席監査等委員に署名等させることによって議事録の記載内容を確認させる趣旨である点は、監査役会議事録と同様である[89]。

　オンライン会議システム等を利用した場合であっても実開催には変わりないことから、遠隔地等から参加した監査等委員も出席者として署名等をしなければならない。

記載例5-1　監査等委員会議事録：実開催

第○回監査等委員会議事録

1. 日　　　時：令和○年8月19日（火曜日）　午前10時00分
2. 場　　　所：当社本店会議室
3. 出　席　者：監査等委員総数　3名　　　出席監査等委員数　3名
　　　　　　　藤田　五郎、石田　六郎、木村　花子
　　　　　　　出席取締役　1名
　　　　　　　山田　一郎
4. 議　　　長：常勤監査等委員　藤田　五郎
5. 議事の経過の要領および結果
　定刻、監査等委員会規程の定めにより常勤監査等委員である藤田五郎が議長となり、開会を宣し、直ちに議案の審議に入った。

　　　第1号報告　　　○○の件
　　　　〜　略　〜

　　　第1号議案　　　○○の件
　　　　〜　略　〜

　議長は、以上をもって本日の議事を終了した旨を述べ、午前11時00分閉会を宣し、散会した。

89　落合誠一編『会社法コンメンタール8　機関（2）』492・493頁〔森本滋〕（商事法務、2009）

第5章　監査等委員会議事録

　以上、議事の経過の要領および結果を明確にするため、本議事録を作成し、出席監査等委員が次に記名押印する。

令和○年8月19日

株式会社ABC商事　監査等委員会

　　　　　　議長・常勤監査等委員　　藤　田　　五　郎　　㊞

　　　　　　　　　監査等委員　　石　田　　六　郎　　㊞

　　　　　　　　　監査等委員　　木　村　　花　子　　㊞

記載例5-2　監査等委員会議事録：オンライン会議システム等の利用

第○回監査等委員会議事録

1. 日　　　時：令和○年8月19日（火曜日）　午前10時00分
2. 場　　　所：当社本店会議室
3. 出　席　者：監査等委員総数　3名　　　　出席監査等委員数　3名
本店において出席：藤田　五郎、石田　六郎
オンライン会議システムによる出席：木村　花子
　　　　　　出席取締役　1名
　　　　　　　本店において出席：山田　一郎
4. 議　　　長：常勤監査等委員　藤田　五郎
5. 議事の経過の要領および結果
　定刻、オンライン会議システムにより、出席者の音声が即時に他の出席者に伝わり、出席者が一堂に会するのと同等に適時的確な意見表明が互いにできる状態となっていることが確認され、監査等委員会規程の定めにより常勤監査等委員である藤田五郎が議長となり、開会を宣し、直ちに議案の審議に入った。

　　　第1号報告　　　○○の件

~　略　~

第1号議案　　○○の件

~　略　~

議長は、オンライン会議システムに終始異常なく、本日の議事を終了した旨を述べ、午前11時00分閉会を宣し、散会した。

以上、議事の経過の要領および結果を明確にするため、本議事録を作成し、出席監査等委員が次に記名押印する。

令和○年8月19日

株式会社ABC商事　監査等委員会

　　　　　議長・常勤監査等委員　　藤　田　五　郎　　㊞

　　　　　　　　　監査等委員　　石　田　六　郎　　㊞

　　　　　　　　　監査等委員　　木　村　花　子　　㊞

4. 報告の省略における記載事項

報告の省略（会社法399条の12）の場合であっても、監査等委員会議事録を作成しなければならず、その記載事項は次のとおりである（会社法施行規則110条の3第4項）。

(1) 標題

実開催の場合と同様に、「監査等委員会議事録」と記載するのが一般的である。「第○回」や「○月度」という記載はせず、実開催でないことが一目で分かるよう「監査等委員会議事録（報告の省略）」と記載する例も見られる。

- 239 -

(2) 報告を要しないものとされた事項の内容

監査等委員会への報告を要しないものとされた事項について、その内容を記載しなければならない（会社法施行規則110条の3第4項1号）。

(3) 報告を要しないものとされた日

取締役・会計参与・会計監査人が監査等委員の全員に対して報告事項を通知した日を記載しなければならない（会社法施行規則110条の3第4項2号）。なお、順次に通知が行われた場合には、最終の監査等委員に通知した日を記載することとなる。

(4) 議事録作成者

報告の省略についての監査等委員会議事録には、議事録の作成にかかる職務を行った監査等委員の氏名を記載しなければならない（会社法施行規則110条の3第4項3号）。

監査等委員会が実開催された場合、作成された監査等委員会議事録に出席監査等委員が署名または記名押印しなければならないが（会社法399条の10第3項）、報告の省略がなされた場合には、出席した監査等委員が存在しないため、議事録の作成にかかる職務を行った監査等委員の氏名の記載が求められる。

(5) 署名等

報告の省略（会社法399条の12）の場合には、出席した監査等委員は存在しないことから、署名等は要しないということになるが、当該議事録についての原本性の確保や偽造・変造の防止の観点から、議事録の作成にかかる職務を行った監査役に署名等させることは有益であると考える。

Ⅱ 監査等委員会議事録のポイント

記載例5-3　監査等委員会の報告の省略に関する通知書

令和○年1月17日

監査等委員各位

東京都新宿区西新宿○丁目○番○号
株式会社ABC商事
取締役　山田一郎

通　知　書

　今般、会社法第399条の12の規定に基づき、監査等委員会へ報告すべき事項に関して下記のとおり通知いたします。
　なお、本報告は、当社の監査等委員全員に対して通知しており、監査等委員会へ報告することを要しないものとされることを申し添えます。

記

　　報告事項
　　　　第1号報告　○○の件
　　　　　　　　～略～

記載例5-4　監査等委員会議事録：報告の省略

監査等委員会議事録
（報告の省略）

1. 報告を要しないものとされた事項の内容
　　　第1号報告　○○の件
　　　　　　　～略～

2. 報告を要しないものとされた日
　　　令和○年1月17日

　令和○年1月17日付で取締役である山田一郎は、監査等委員会に報告すべき事項につき、当社の監査等委員全員に対して書面により通知をした。

- 241 -

よって、会社法第399条の12の規定に基づき、監査等委員会への報告を要しないものとされた。

上記のとおり、監査等委員会への報告の省略を行ったので、報告を要しないものとされた事項を明確にするため、本議事録を作成し、議事録作成者が次に記名押印する。

令和○年1月17日

株式会社ABC商事　監査等委員会

議事録の作成にかかる職務を行った監査等委員

藤　田　五　郎　㊞

5.　登記申請への添付

監査等委員会議事録を登記申請に添付する場合は限定的であり、具体的には監査等委員会が会計監査人を解任した場合（会社法340条1項・2項・5項）と、監査等委員会が一時会計監査人の職務を行う者である仮会計監査人を選任した場合（会社法346条4項・7項）である。

会計監査人を解任した場合の登記申請には、その退任を証する書面として監査等委員会議事録を添付することになる（商業登記法54条4項）。また、仮会計監査人の就任の登記申請には、その選任を証する書面として監査等委員会議事録を添付することになる（商業登記法55条1項1号）。

6.　備置き

監査等委員会議事録は、監査等委員会の日から10年間、会社の本店に備え置かなければならない（会社法399条の11第1項）。なお、取締役会議事録と同様に（会社法371条1項参照）、支店に備え置く必要はない。

株主および親会社の社員（会社法31条3項）は、その権利行使のために必要があるときには、裁判所の許可を得て、監査等委員会議事録の閲覧・謄写を請求することができる（会社法399条の11第2項・3項）。また、会社の債権者が役員の責任を追及するために必要があるときにも、裁判所の許可を得て、監査等委員会議事録の閲覧・謄写を請求することができる（会社法399条の11第2項・3項）。ただし、裁判所は、当該請求に基づき閲覧・謄写をすることによって、会社または親会社もしくは子会社に著しい損害を及ぼすおそれがあると認めるときには、これを許可してはならない（会社法399条の11第4項）。

Ⅲ　各議案のポイントと記載例

　ここでは、監査等委員会議事録に記載すべき具体的な議案についてのポイントを解説した上で、その記載例を掲載する。

1.　監査報告の作成

　監査等委員会設置会社では、各監査等委員が監査報告を作成するのではなく、監査等委員会自体が監査報告を作成する主体となる（会社法399条の2第3項1号）。したがって、監査等委員会設置会社では、各監査等委員の行った監査を踏まえて、監査等委員会の決議を経て1つの監査報告を作成することになる。

　監査報告の作成に関する議案においては、監査報告の内容を決議することとなり、監査等委員会議事録には、別紙として監査報告書を添付等して具体的な監査報告の内容を記載することになる。

第5章　監査等委員会議事録

記載例5-5　議案：監査報告の作成

> 第○号議案　監査報告作成の件
>
> 　議長は、第○期（令和○年4月1日から令和○年3月31日）の監査の結果について、各監査等委員からそれぞれの担当部分についての報告を受けたものをまとめた別紙のとおりの監査報告を作成したい旨を述べ、その賛否を諮ったところ、審議の結果、出席監査等委員全員の賛成により承認可決された。

2.　監査方針の決定

　監査等委員会の職務には、監査役会と異なり（会社法390条2項3号参照）、「監査方針の決定」は含まれていない。監査役は各自がすべての監査権限を単独で行使し、独自の監査活動を行うことができるところ、方針を定めた組織的な監査によって監査活動を分担することで、より実効的な監査を実現することを期待し、当該決定が監査役会の職務とされたものである。一方で、監査等委員会設置会社における監査の主体はあくまで監査等委員会にあり（会社法399条の2第3項1号）、各監査等委員は監査等委員会からの授権に基づいて監査を行うことになる（会社法399条の3第1項・2項）。したがって、監査等委員会における監査の方針を定めて役割を分担することは、ある意味当然であり、あえて法定されていないものの、監査活動の一環として、監査等委員会の決議によって監査方針を決定することがある。

　監査方針の決定に関する議案においては、監査活動の分担や重点分野等を決議することとなり、監査等委員会議事録にはこれらを記載することになる。

Ⅲ 各議案のポイントと記載例

記載例5-6　議案：監査方針の決定

第○号議案　　監査方針決定の件

　議長は、今期の当監査等委員会で行う監査の方針について、別紙のとおりとしたい旨を述べ、その賛否を諮ったところ、審議の結果、出席監査等委員全員の賛成により承認可決された。

3.　常勤監査等委員等の選定

　監査等委員会では、監査役会と異なり（会社法390条3項参照）、常勤の監査等委員を置くことは必須とされていない。ただし、現実的にはこれを置く例は少なくない。また、監査等委員長を置く場合があるが、その場合には常勤の監査等委員がその任にあたるケースが少なくない。

　常勤監査等委員・監査等委員長は、監査等委員会規程等に基づき、監査等委員会の決議によって選定することになる。

　常勤監査等委員の選定に関する議案においては、常勤監査等委員・監査等委員長を具体的に選定し、仮に被選定者が席上就任を承諾した場合には、その旨も監査等委員会議事録に記載することになる。

記載例5-7　議案：常勤監査等委員の選定

第○号議案　常勤監査等委員の選定の件

　議長は、監査等委員会規程第○条の定めに基づき、常勤の監査等委員を選定する必要がある旨を述べ、その賛否を諮ったところ、審議の結果、石田六郎を選定することについて出席監査等委員全員の賛成により承認可決された。

　なお、被選定者は、席上その就任を即時に承諾した。

---

4. 特定監査等委員の選定

　監査等委員会が監査の主体となる監査等委員会設置会社においては、独任制の監査役とは異なり、各監査等委員がその権限を行使するのではなく、監査等委員会が定めた監査等委員が具体的な権限を行使することになる（会社法399条の3第1項・2項）。そこで、監査等委員会の職務のうち、一定の事項については、監査等委員会が選定した特定監査等委員が行うものとしており、その主な事項は以下のとおりである。

　　i) 監査等委員会において会計監査人を解任した場合、その後最初に開催される株主総会でその旨と理由の報告（会社法340条3項・5項）

　　ii) 株主総会における監査等委員以外の取締役の選任・解任・辞任についての意見陳述（会社法342条の2第4項）

　　iii) 株主総会における監査等委員以外の取締役の報酬等についての意見陳述（会社法361条6項）

　　iv) 会計監査人への監査に関する報告の請求（会社法397条2項・4項）

　　v) 取締役・使用人に対して職務に関する事項の報告の請求または会社の業務・財産状況の調査（会社法399条の3第1項）

　　vi) 子会社に対して事業の報告の請求または子会社の業務・財産状況の調査（会社法399条の3第2項）

　　vii) 会社と取締役との間の訴えにおける会社の代表（会社法399条の7）

　　viii) 監査等委員会による取締役会の招集（会社法399条の14）

　特定監査等委員は、例えば「特定監査等委員には、常勤監査等委員（監査等委員長）がこれに当たる」といったように監査等委員会規程等に別段の定めがある場合を除き、監査等委員会の決議によって選定することになる。

　特定監査等委員の選定に関する議案においては、常勤監査等委員等の選定議案と同様に、特定監査等委員を具体的に選定し、仮に被選定者が席上就任を承諾した場合には、その旨も含め監査等委員会議事録に記載することになる。

Ⅲ 各議案のポイントと記載例

記載例5-8　議案：特定監査等委員の選定

第○号議案　　特定監査等委員の選定の件

　議長は、下記の権限を行使する特定監査等委員を選定したい旨を述べ、すべて常勤監査等委員である甲野一郎を選定することについて、その賛否を諮ったところ、審議の結果、出席監査等委員全員の賛成により承認可決された。

記

① 　監査等委員会において会計監査人を解任した場合、その後最初に開催される株主総会でその旨と理由を報告する監査等委員
② 　株主総会において監査等委員ではない取締役の選任・解任・辞任について監査等委員会の意見を述べる監査等委員
③ 　株主総会において監査等委員ではない取締役の報酬等について監査等委員会の意見を述べる監査等委員
④ 　会計監査人に対してその監査に関する報告を求める監査等委員
⑤ 　取締役・使用人に対して職務に関する事項の報告を求め、または会社の業務・財産状況の調査を行う監査等委員
⑥ 　子会社に対して事業の報告を求め、または会社の業務・財産状況の調査を行う監査等委員
⑦ 　監査等委員会設置会社と取締役との間の訴えにおいて会社を代表する監査等委員

---

5. 監査等委員の報酬等の決定

　各監査等委員である取締役の具体的な報酬等について、定款の定めまたは株主総会の決議がある場合を除き、当該報酬等は株主総会で定められた報酬等の範囲内において、監査等委員の協議によって決定することになる（会社法361条3項）。当該協議は、監査等委員全員がその内容に合意する必要があり、監査等委員会外で決定することもできるが、結果として全員一致であれば、監査等委員会の決議で決定しても差し支えない。

- 247 -

第5章　監査等委員会議事録

　監査等委員会において、監査等委員の全員の一致による決議によって各監査等委員の報酬等を定めた場合、監査等委員会議事録には、監査等委員ごとの具体的な報酬の額を記載することになる。

記載例5-9　議案：監査等委員の報酬等の決定

第〇号議案　監査等委員の報酬等の決定の件

　議長は、令和〇年6月25日開催の第〇回定時株主総会において承認された監査等委員の報酬総額金5,000万円の具体的な配分を決定したい旨を述べ、審議の結果、下記のとおりとすることに出席監査等委員全員の同意により決定した。なお、支払方法は、年額を12等分した額を毎月25日に支給することを併せて決定した。

記
石田六郎　　　　年額金900万円
木村七郎　　　　年額金300万円
森田八重子　　　年額金300万円

6. 監査等委員の退職慰労金贈呈の決定

　監査等委員の退職慰労金は報酬等に該当し、定款に定めがある場合を除き、株主総会の普通決議によって決定される（会社法361条1項）。

　株主総会の決議においては、一定の基準に従い支給することとし、具体的な支給額の決定は監査等委員の協議に委ねるケースが一般的である。この場合の協議は、監査等委員全員がその内容に合意する必要があり、監査等委員会外で決定することもできるが、結果として全員一致であれば、監査等委員会の決議で決定しても差し支えない。

　監査等委員会において、監査等委員の全員の一致による決議によって監査等委員の退職慰労金を定めた場合、監査等委員会議事録には、当該監査等委員の具体的な退職慰労金の額を記載することになる。

Ⅲ 各議案のポイントと記載例

記載例5-10　議案：監査等委員の退職慰労金贈呈の決定

第○号議案　　監査等委員の退職慰労金贈呈の決定の件

　議長は、令和○年6月25日開催の第○回定時株主総会において承認された石田六郎の退職慰労金について、その具体的な金額等を当社が定める役員退職慰労金規程に基づき下記のとおりとしたい旨を述べ、その賛否を諮ったところ、審議の結果、出席監査等委員全員の同意により決定した。

記
退職慰労金の額　金300万円
支給時期　　　　令和○年7月31日

7.　監査等委員でない取締役の報酬等の意見決定

　特定監査等委員は、監査等委員でない取締役の報酬等について、監査等委員会の意見を株主総会で述べることができる（会社法361条6項、399条の2第3項3号）。これは、モニタリングモデルを指向する監査等委員会設置会社の取締役会が業務執行取締役の監督を実効的に行うために、その裏付けとなる権限について、社外取締役を中心とする監査等委員に付与する趣旨であるとされる[90]。なお、当該意見の陳述については、毎回の株主総会で行う必要はない。また、取締役の報酬議案を株主総会に提出する場合であって、監査等委員会の意見があるときには、当該意見の内容を株主総会参考書類に記載しなければならない（会社法施行規則82条1項5号）。

　当該意見の決定は監査等委員会の決議によることになる。この場合には、株主総会で述べる意見を一言一句まで詳細に決定する必要はないが、少なくとも意見の概要を決議し、その内容を監査等委員会議事録に記載すべきである。

90　坂本・一問一答42頁

第5章　監査等委員会議事録

記載例5-11　議案：監査等委員以外の取締役の報酬等の意見決定

第○号議案　　監査等委員ではない取締役の報酬等の意見決定の件

　議長は、令和○年6月25日開催の第○回定時株主総会において提出される議案「第○号議案　監査等委員ではない取締役の報酬額改定の件」に関して、その報酬額の相当性について別紙の意見を同総会で述べたい旨と、この意見陳述を藤田五郎が行うこととしたい旨を述べ、その賛否を諮ったところ、審議の結果、出席監査等委員全員の賛成により承認可決された。

8. 会計監査人選任等の議案の決定

　監査等委員会は、株主総会に提出する会計監査人の選任・解任・再任しないことに関する株主総会の議案の内容を決定しなければならないが（会社法399条の2第3項2号）、当該内容の決定は監査等委員会の決議によることになる。
　会計監査人の選任に関する議案においてはもちろんであるが、解任や再任しないことに関する議案においても可能な限り次に選任する会計監査人候補者が決定している場合には、当該選任に関する議案の内容も監査等委員会で決議し、当該事項も含め監査等委員会議事録に記載すべきである。

記載例5-12　議案：会計監査人選任等の議案の決定

第○号議案　　会計監査人選任等の議案の決定の件

　議長は、令和○年6月25日開催の第○回定時株主総会において、別紙のとおり現任のABC監査法人を再任せず、XYZ監査法人を新たに選任する議案について決定したい旨を述べ、その賛否を諮ったところ、審議の結果、出席監査等委員全員の賛成により承認可決された。

- 250 -

9. 会計監査人報酬等の同意

　取締役が会計監査人の報酬等を定める場合には、監査等委員会の同意を得なければならない（会社法399条1項・3項）。当該同意をするか否かの決定は監査等委員会の決議によることになる。これは、会計監査人の監査を受ける立場である業務執行取締役のみが報酬等の決定に関わるとすると、会計監査人が会社に対して十分な役務を提供することが困難であるような低い水準に報酬等を抑制したいとのインセンティブが働きかねないことや、逆に高すぎる報酬等による会計監査人と業務執行取締役との癒着を防止することが理由であるとされている[91]。

　会計監査人の報酬等に関する同意について決議する場合には、その具体的な額を明示し、監査等委員会議事録においても当該報酬等の金額を記載することになる。

記載例5-13　議案：会計監査人報酬等の同意

> 　　　　　　第○号議案　　会計監査人報酬等の同意の件
>
> 　議長は、第○期（令和○年4月1日から令和○年3月31日まで）の会計監査人ABC監査法人の報酬等について、業務執行取締役である山田一郎より年額金2,800万円としたい旨の提示があったことを報告し、その賛否を諮ったところ、審議の結果、出席監査等委員全員の賛成により承認可決された。

10. 監査等委員会規程の改訂

　監査等委員会規程とは、監査等委員会の役割や運営等について定める会社の内部ルールである。当該規程については、法令で規定されているものではないが、上場会社等では制定されるのが一般的である。

　監査等委員会規程は、監査等委員会の自治規範であり、監査等委員の独立

91　江頭・株式643頁

性を確保する観点から、取締役会ではなく監査等委員会で定めなければならない。なお、監査等委員会規程を改訂する場合も同様である。

　監査等委員会規程を改訂する議案においては、新旧対照表等のかたちで変更箇所を明らかにし、その内容を監査等委員会議事録に記載することになる。

記載例5-14　議案：監査等委員会規程の改訂

第○号議案　監査等委員会規程の改訂の件

　議長は、あらたに常勤監査等委員を設けたことに伴い、監査等委員会規程を以下のとおり改訂したい旨を述べ、その賛否を諮ったところ、審議の結果、出席監査等委員全員の賛成により承認可決された。

記

現行	変更案
（新設）	第○条（常勤監査等委員） 　監査等委員会は、常勤の監査等委員を置く。 2　常勤の監査等委員は、監査等委員会の決議で定める。

---

11. 利益相反取引の事前承認

　利益相反取引によって会社に損害が生じた場合には、利益相反取引をした取締役と当該取引をすることに賛成した取締役は、その任務を怠ったものと推定される（会社法423条3項）。一方、監査等委員会は社外取締役が過半数を占める独立性の高い機関であることから、監査等委員会設置会社において、取締役会のほかに監査等委員会で当該取引を事前に承認した場合には、これらの任務懈怠の推定を受けないこととされている（会社法423条4項）。

Ⅲ 各議案のポイントと記載例

　利益相反取引の事前承認をする議案においては、その具体的な取引内容である当事者や契約金額といった重要な内容を明らかにした上で承認を得る必要があり、それらを監査等委員会議事録に記載することになる。

記載例5-15　議案：利益相反取引の事前承認

第○号議案　　利益相反取引の承認の件

　議長は、業務執行取締役である山田一郎から別紙売買契約書（案）を内容とする取引について、その目的および条件等を踏まえ、当該取引が利益相反取引に該当することの説明がなされた上で、その承認の可否を諮ったところ、審議の結果、出席監査等委員全員の賛成により承認可決された。

第6章

Q&A　議事録の電子化

　本章では、電子議事録について、Q＆A形式により、基本的な知識を整理したうえで、具体的作成の方法や留意点を取り上げる。

【Q1　電子議事録の意義】

Q　電子議事録とはどのようなものでしょうか？

A　議事録のうち電磁的記録によって作成されたものをいいます。

〈解説〉
(1) 電子議事録の意義

　電子議事録は、法令で定義がされたものではないが、一般的には議事録を電磁的記録によって作成したものをいう。

(2) 電子署名の要否

　会社法の規定に基づく議事録を電子議事録として作成した場合、原則として電子署名をする必要はない。ただし、書面で作成した場合に署名義務がある議事録については、電子署名をすべきとされており、電子議事録についても、書面と同等の措置が求められているものといえる（会社法369条4項等、会社法施行規則225条）。なお、電子署名義務がない電子議事録であっても、当該議事録の原本性を明らかにし改ざんを防止するという観点や、訴訟等における形式的証拠力の観点から、実務的には少なくとも議事録作成者が電子署名するのが望ましいという点は、書面で作成された議事録への押印と同様

- 254 -

である。

　商業登記申請に電子議事録を添付する場合には、会社法上の電子署名義務
の有無にかかわらず、電子署名が必要となる（商業登記規則36条4項、102条
5項。☞ Q8・Q9・Q10）。

【Q2　電子議事録のメリット・デメリット】

Q　電子議事録にはどのようなメリットやデメリットがあるのでしょうか？

A　電子議事録は、物理的な紙や印鑑が不要となるため、郵送による手間や保
　　管場所を削減することができるというメリットがあります。一方で、電
　　子署名・電子証明書の維持にはコストがかかり、紙とは異なる管理が求
　　められるほか、有効性の確認に一定の知識が必要となるというデメリッ
　　トがあります。

〈解説〉

(1) 電子議事録のメリット

①コスト

　取締役会議事録等、複数人が押印を要する書面による議事録については、
いわゆる持ち回りによる押印のための日数が相当かかることも少なくない。
そこで、例えば立会人（事業者）型電子署名を利用して電子議事録に電子署
名を用いることで、出席取締役・監査役にメール等により承認要求を行い、
当該承認をもって電子署名がなされ、郵送等の手間やコストを省くことがで
きるとともに、議事録が完成するまでのリードタイムの短縮が可能となる。

②管理

　電子議事録は紙媒体で保管する必要がなくなるため、物理的な保管場所が
不要となり、原本の紛失等のリスクも低減される。また、データ化されること
から検索も容易になる。

- 255 -

③真実性

　押印を要する書面による議事録においては、いわゆる認印が利用されることも多く、後日、実際には誰が押印したか分からず、争いになるおそれもあるが、電子署名された電子議事録は本人の関与が認められることから一定の真実性が確保される。

(2) 電子議事録のデメリット
①コスト

　電子証明書は、その秘密鍵の暗号強度の観点から、通常3年程度で失効するため、定期的な再発行が必要となる。

　商業登記電子署名や民間の電子署名を利用するには、定期的な電子証明書の発行のたびに手数料が必要となるほか、立会人（事業者）型電子署名サービスを利用する場合にも一定のサービス利用料が必要となる。

②管理

　電子議事録は完全な複製が可能であり、原本が複数作成される余地がある。また、各種のデバイスやメールを利用して容易に持ち出せてしまうというリスクもある。

③真実性

　電子議事録の原本性を確認するためには電子署名の有効性確認が必要であるが、そのためには一定のツールや技術的な知識が求められる。また、電子署名の有効性を確認するには、電子証明書が現に有効である必要があり、この期間経過後には有効性の確認ができなくなる。

【Q3　電子議事録の作成方法】

Q　電子議事録はどのように作成すればよいのでしょうか？

A　書面による議事録と同様に、一般的な文章作成ソフトで議事録を作成し、改変等を防止するためにPDFファイルに変換した上で電子署名をするこ

とで電子議事録が完成します。

〈解説〉

(1) 議事録の作成

会社法の規定に基づく議事録を電子議事録として作成する場合、法令によるファイル形式の指定はない（会社法施行規則224条参照）。したがって、書面で作成する場合と同様に、一般的な文書作成ソフトで作成すれば足り、電子署名義務がある議事録を除き、それだけで電子議事録として法的に有効に成立する。

(2) PDF化

文書作成ソフトで作成された電子議事録をその状態で保存していると、誤って内容を変更してしまったり、改ざんされたりするおそれがある。そこで、電子署名等のしやすさを踏まえ、PDF（Portable Document Format）ファイル形式に変換するのが一般的である。

(3) 電子署名

PDFファイルに変換した電子議事録に、議事録作成者等が電子署名をする。

当該議事録について会社法上の署名義務がある場合で同一の電子議事録に複数の者が電子署名するときには、会社法上の要件を満たす電子署名であれば、全員が同じ種類の電子署名を用いる必要はない。

【Q4　電子署名の意義】

Q　電子文書における電子署名とはどのようなものでしょうか？

A　電子署名を行った電子文書の作成者の証明ができること（本人性の証明）と当該電子文書が電子署名後に改ざんされていないこと（非改ざん性の証明）の2つの要件を満たす電子的な情報をいいます。

第6章　Q&A　議事録の電子化

〈解説〉

　電子文書は、紙の文書における印影のように可視化されたかたちで本人が作成したものか否かを照合することはできない。そこで、電子文書では、本人しか持ち得ない何らかの情報を電子文書に記録することにより、文書の真実性を確認できる仕組みが必要となるが、その1つの方法が電子署名である（電子署名法2条1項）。現在、利用されている電子署名の多くは、いわゆる「公開鍵暗号方式」が採用されている。

　公開鍵暗号方式とは、電子文書の作成者が自身しか有していない秘密鍵を用いて電子文書を暗号化（電子署名）し、電子証明書を付加するものである。そして、当該電子文書を受け取った者が電子文書に付された電子証明書に組み込まれている公開鍵を用いて電子文書を復号化することにより、本人の作成と改変の有無を確認するというものである。なお、電子証明書には、復号化の際に用いる公開鍵のほかに、電子署名をした者の氏名等の情報が記録されているが、記録の内容は電子署名の種類によりさまざまである。

【Q5　電子署名の分類】

Q　電子署名にはどのようなものがあるのでしょうか？

A　電子署名にはいくつもの分類の仕方がありますが、大きくは電子署名法による分類と、電子署名の主体による分類があります。

〈解説〉
(1) 電子署名法による分類
①広義の電子署名

　電子署名法にいう電子署名とは、電子文書に記録できる情報であって、本人性と非改ざん性の確認ができるものをいい（電子署名法2条1項）、広義の電子署名と評価することができる。

　現在、一般的に利用されている公開鍵暗号方式を利用するものであれば、

－ 258 －

基本的に広義の電子署名に該当する。

②認証業務電子署名

認証業務電子署名とは、広義の電子署名のうち認証業務（電子署名を行った者を証明する業務）を行っている事業者が発行するものをいう（電子署名法2条2項）。なお、公開鍵暗号方式では、電子証明書を発行することが認証業務に当たるといえる。

③特定認証業務電子署名

特定認証業務電子署名とは、認証業務電子署名のうち、本人だけが行うことができるものとして一定の技術的基準を満たす電子署名をいう（電子署名法2条3項、電子署名法施行規則2条）。

④認定認証業務電子署名

認定認証業務電子署名とは、特定認証業務電子署名のうち、主務大臣の認定を受けた事業者が発行するものをいう（電子署名法4条）。

当該電子署名の内容自体は、特定認証業務電子署名と差異はないものの、一定の技術的な水準を満たしていることが公的に認定されていることから、より信頼性が高い電子署名と評価することができる。

⑤電子文書の真正な成立の推定が働く電子署名

電子署名のうち、必要なID・パスワードや、秘密鍵をICカードに保存するなど本人だけが行うことができるものが付された電子文書は、真正に成立したものと推定される（電子署名法3条）[92]。これは、私文書における文書成立の真正の規定（民事訴訟法228条4項）と同趣旨のものといえる。

当該推定規定の適用を受ける電子署名は、「①広義の電子署名」である必要はあるものの、その他②～④の電子署名法上の分類とは無関係とされ、推定の要件を満たすものもあれば、満たさないものもある。

---

[92] 総務省・法務省・経済産業省「利用者の指示に基づきサービス提供事業者自身の署名鍵により暗号化等を行う電子契約サービスに関するQ&A（電子署名法第3条関係）」
https://www.moj.go.jp/content/001327658.pdf

第6章　Q&A　議事録の電子化

(2) 電子署名の主体による分類

①当事者署名型電子署名

　当事者署名型電子署名とは、電子文書の作成者である本人が電子署名をするタイプの電子署名をいう（電子署名法2条1項）。

②立会人（事業者）型電子署名

　立会人（事業者）型電子署名とは、電子文書の作成者の指示に基づき電子署名サービスの提供事業者が電子署名をするタイプの電子署名をいう。

　立会人（事業者）型電子署名は、電子署名を行った者（事業者）と電子文書の作成者が異なるものの、一定の要件を満たすものは電子署名法の「電子署名」に該当するとされている[93]。

(3) 個別の法律に基づく電子署名

　以下のように、個別の法律に基づく公的な電子署名も、電子署名法の電子署名に該当する（電子署名法2条1項）。

①商業登記電子署名

　商業登記電子署名とは商業登記法、商業登記規則に根拠を置くものであり、法務局がその電子署名の有効性を認証するものである（商業登記法12条の2、商業登記規則33条の2～）。当該電子署名は、いわゆる会社届出印と同等の機能を有するものと評価することができる。

　他の電子署名にかかる電子証明書が、あくまで署名者個人の情報のみを記録・証明するのに対して、商業登記電子署名の電子証明書には、会社であれば商号、本店、代表者の資格・氏名、会社法人等番号、管轄登記所と公開鍵等に関する情報が記録されており、印影を除き、会社の印鑑証明書と同様の事項が証明されている。なお、会社を含む法人を対象とする電子署名は、現在、商業登記電子署名のみである。

②公的個人認証電子署名

　公的個人認証電子署名とは、「電子署名等に係る地方公共団体情報システ

93　総務省・法務省・経済産業省「利用者の指示に基づきサービス提供事業者自身の署名鍵により暗号化等を行う電子契約サービスに関するQ&A」
　　https://www.moj.go.jp/content/001323974.pdf

ム構築の認証業務に関する法律」に根拠を置くもので、地方公共団体情報システム機構がその有効性を認証するものである（電子署名等に係る地方公共団体情報システム構築の認証業務に関する法律3条）。いわゆる個人実印と同等の機能を有するものと評価することができる。

公的個人認証電子署名の電子証明書には、氏名・性別・生年月日・住所と公開鍵等に関する情報が記録されており、印影を除き、個人の印鑑証明書と同様の事項が証明されることになる。

【Q6　電子署名の有効性確認】

Q　電子署名が有効かどうかはどのように確認するのでしょうか？

A　電子署名の有効性の確認については、ⅰ）電子署名（電子証明書）が失効していないかと、ⅱ）電子署名がなされた電子文書に改ざんがないかの2つの確認をする必要があります。ⅰ）については電子証明書の発行機関である認証局が公表する電子証明書の失効リストへの掲載があるかどうかなどを確認し、ⅱ）については電子署名に付された電子証明書に組み込まれた公開鍵により、暗号化された文書を復号化して検証ができるかどうかにより有効性を確認することになりますが、実際には電子署名の種類によって確認方法は異なります。

〈解説〉

(1) 民間認証機関の発行した電子証明書を利用した電子署名

民間の電子署名は、無償で配布されるPDFファイルの閲覧ソフトによって有効性確認をすることができる。具体的には、Acrobat® Reader[94]を利用する場合には、PDFファイルを開いた際に画面右上に表示される「署名パネル」を開くと、「署名済みであり、すべての署名が有効です」と表示される。これは、PDF閲覧ソフトが、ⅰ）電子証明書の失効リストの確認と、ⅱ）公開鍵に

94　Acrobat®はAdobe Systems Incorporated（アドビ システムズ社）の商標

よる暗号の復号化と検証を自動で行っているためである。なお、電子署名後に改ざんがあった場合には、「署名は無効です」などと表示される。

立会人（事業者）型電子署名の場合には、電子署名をしているのは電子署名サービスの提供事業者であることから、電子証明書には当該事業者の名称等が記録され、文書の作成者が表示されないものもある。

(2) 商業登記電子署名

商業登記電子署名の電子証明書は、法人名、代表者の権限など法人に紐づくものであることから登記と連動しており、民間認証機関のような失効リストの公開は行われていない。したがって、Acrobat® Readerや法務省が商業登記電子署名を付すためのソフトとして提供している「商業登記電子認証ソフト」では、有効性の確認のうち、電子署名が失効しているか否かの確認はできない[95]。この確認には、商業登記認証局を経由してリアルタイムで失効情報を照会することができる仕組みに対応する必要があり、その仕組みに対応した民間事業者が提供する特別なソフトウェアを用いなければならない[96]。

(3) 公的個人認証電子署名

公的個人認証電子署名の電子証明書も、商業登記電子署名と同様に、民間認証機関のような失効リストの公開が行われておらず、本人と、行政機関や認定認証業務電子署名事業者、日本司法書士会連合会等の署名検証者のみに対して情報提供が行われている（電子署名等に係る地方公共団体情報システム機構の認証業務に関する法律17条1項）。したがって、公的個人認証電子署名については、これらの署名検証者によって有効性を確認するか、本人に有効性確認をさせ、それを目視する等の方法によることになる。

95　法務省「第3商業登記に基づく電子認証制度_5電子証明書の有効性の確認_(1)概要」
　　https://www.moj.go.jp/ONLINE/CERTIFICATION/GUIDE/guide03.html
96　対応しているソフトウェアとして法務省「リンク集_利用者ソフトウェア（参考）」
　　https://www.moj.go.jp/MINJI/minji06_00031.html

【Q7　商業登記申請と電子議事録】

Q　商業登記申請において電子議事録を使うことができるのでしょうか？

A　電子議事録を添付して登記申請することができます。ただし、ファイル形式の指定や電子署名に関する固有のルールがあります。

〈解説〉

(1) 商業登記申請の方法

　商業登記の申請方法としては、ⅰ）オンラインで申請する方法（商業登記規則101条1項1号、102条1項）、ⅱ）書面で申請する方法（商業登記法17条1項）があるが、いずれの場合でも、電子議事録を添付して登記申請をすることができる。

(2) 添付書面とする電子議事録のルール

　商業登記申請に電子議事録を添付する場合には、ファイル形式に制限があり、会社法の規定において電子署名の義務がない議事録（例えば株主総会議事録）であっても、電子署名が必要となる（商業登記規則36条4項、102条5項）。

①ファイル形式

　商業登記の添付書面としては、公証人の作成するファイルを除き、PDFファイル形式のみが認められている（平成27年法務省告示140号）。したがって、添付する電子議事録はPDFファイル形式でなければならないことになる。

②利用できる電子署名

　商業登記申請に添付する電子議事録における電子署名の方式については、いわゆる公開鍵暗号方式の電子署名が該当し（商業登記規則33条の4、36条3項）、併せて対応する電子証明書が必要となる（商業登記規則36条4項、102条5項）。商業登記電子証明書および公的個人認証電子証明書はすべての商業

第6章　Q&A　議事録の電子化

登記申請に利用することができるが、それ以外の電子証明書については、電子署名をする対象の議事録ごとに、法務省のホームページで利用の可否が公開されている[97][98]。なお、これらの情報は、随時更新がなされることから事前に確認をする必要がある。

(3) 電子議事録の提供方法

①オンライン申請

　商業登記申請をオンラインで行う場合には、添付書面である電子議事録を登記申請書とともにオンラインで送信することができる（商業登記規則102条2項本文）。

②別送方式申請

　商業登記申請をオンラインで行い添付書面を別に送付または持参する場合には、電子署名をした電子議事録のPDFファイルを格納したCD-R等を送付または持参することができる（商業登記規則102条2項ただし書）。

③書面申請

　商業登記申請を書面で行う場合には、登記申請書とともに電子署名をした電子議事録のPDFファイルを格納したCD-R等を送付または持参することができる（商業登記法19条の2、商業登記規則36条）。

【Q8　株主総会議事録と電子署名】

Q　株主総会議事録にはどのような電子署名が必要となるのでしょうか？

A　原則として、電子議事録である株主総会議事録には電子署名をする法的義務はありません。ただし、商業登記申請に電子議事録である株主総会

97　法務省「商業・法人登記のオンライン申請について_第3電子証明書の取得_添付書面情報（委任状情報を除く。）の場合」（オンライン申請の場合）
　　https://www.moj.go.jp/MINJI/minji60.html

98　法務省「ご利用の手引き_3電子署名に使用できる電子証明書_添付書面情報（委任状情報を除く。）」（書面申請の場合）
　　https://www.moj.go.jp/MINJI/minji41-1.html

議事録を添付する場合には、所定の電子署名が必須となるほか、後日紛
争が生じた場合等に備え、電子署名をすることが望ましいといえます。

〈解説〉

(1) 会社法における電子署名義務

　会社法上、株主総会議事録には議事録作成者等の電子署名をする義務はな
い（会社法318条参照）。決議の省略（会社法319条1項）や報告の省略（会社
法320条）による株主総会議事録についても同様である。したがって、会社が
任意に電子署名をする場合であっても、どのような電子署名を、誰が行うか
は会社が自由に選択することができる。

(2) 商業登記申請に添付する場合の電子署名

①原則

　役員変更や定款変更など電子議事録である株主総会議事録を商業登記申
請に添付する場合には、電子署名をする必要がある（商業登記規則36条4項、
102条5項。☞Q7）。決議の省略による株主総会議事録の場合も同様である。

i) 対象者

　電子署名の対象者は、「作成者」（作成する権限がある者）である（商業登記
規則36条4項、102条5項）。したがって、株主総会議事録の場合、電子署名を
する必要があるのは議事録の作成にかかる職務を行った取締役となるため
（会社法318条1項、会社法施行規則72条3項6号）、当該取締役の電子署名が
必要ということになる。

ii) 電子署名の種類

　商業登記申請の添付書面における電子署名として認められているものであ
れば（☞Q7）、いずれを利用しても差し支えない（商業登記規則36条4項、102
条5項）。

②代表取締役を選定した場合

　株主総会で代表取締役を選定した場合の電子議事録である株主総会議事録
については、電子署名をすべき対象者と電子署名の種類が原則的な取扱いと

第6章　Q&A　議事録の電子化

は異なる。

i) 対象者

　電子署名の対象者は、原則として、株主総会の議長・出席取締役である（商業登記規則61条6項参照）。

ii) 電子署名の種類

　電子署名としては、書面の株主総会議事録で印鑑証明書の添付が必要となる場合に準じて（商業登記規則61条6項参照）、変更前の代表取締役の関与の態様に応じて、以下の電子署名が必要となる[99]。

	変更前の代表取締役	それ以外の取締役
原則	商業登記電子証明書・公的個人認証電子証明書・特定認証業務電子証明書（氏名・住所が確認できるものに限る）	
変更前の代表取締役が当該株主総会に出席している場合	商業登記電子証明書・公的個人認証電子証明書・特定認証業務電子証明書（氏名・住所が確認できるものに限る）	商業登記電子証明書・公的個人認証電子証明書・特定認証業務電子証明書（氏名・住所が確認できるものに限る）、その他法務大臣が定める電子署名のいずれでも可
決議の省略によった場合であって、変更前の代表取締役が議事録作成者として電子署名するとき	商業登記電子証明書、公的個人認証電子証明書、特定認証業務電子証明書（氏名・住所が確認できるものに限る）	

【Q9　取締役会議事録と電子署名】

Q　取締役会議事録にはどのような電子署名が必要となるのでしょうか？

A　電子議事録である取締役会議事録には電子署名をすることが必要です。

99　法務省「商業・法人登記のオンライン申請について_第3電子証明書の取得_添付書面情報（委任状情報を除く。）の場合」
　　https://www.moj.go.jp/MINJI/minji60.html

- 266 -

なお、取締役会議事録に必要な電子署名の種類に制限はありませんが、商業登記申請に添付する場合には、商業登記規則上の要件を満たす電子署名が必要となります。

〈解説〉

(1) 会社法における電子署名義務

　取締役会議事録には、出席取締役・監査役全員の電子署名をする義務がある（会社法369条4項）。なお、電子署名としては、広義の電子署名（☞Q5）であれば足りる（会社法施行規則225条2項）。

　決議の省略（会社法370条）や報告の省略（会社法372条1項）について、電子議事録である取締役会議事録を作成した場合には、署名義務を負うべき「出席」取締役等がいないため、電子署名をする必要がないのは、書面の取締役会議事録と同様である（会社法369条3項、会社法施行規則101条4項1号参照）。

(2) 商業登記申請に添付する場合の電子署名

①原則

　電子議事録である取締役会議事録を商業登記申請に添付する場合には、商業登記規則に従った電子署名をする必要がある（商業登記規則36条4項、102条5項。☞Q7）。

i) 対象者

　電子署名の対象者は、「作成者」（作成する権限がある者）である（商業登記規則102条5項）。取締役会議事録については出席取締役・監査役がこの作成者に当たるとされる。

　決議の省略による取締役会議事録を作成した場合、作成者は議事録の作成にかかる職務を行った取締役となるため（会社法370条、会社法施行規則101条4項1号ニ）、当該取締役の電子署名が必要ということになる。

ii) 電子署名の種類

　電子署名の種類については、決議の省略の場合を含めて、株主総会議事録

第6章　Q&A　議事録の電子化

と同様である（☞Q8）。

②代表取締役を選定した場合

取締役会で代表取締役を選定した場合の電子議事録である取締役会議事録については、電子署名をすべき対象者と電子署名の種類が原則的な取扱いとは異なる。

i) 対象者

電子署名の対象者は、原則として、出席取締役・監査役の全員である（商業登記規則61条6項参照）。

ii) 電子署名の種類

電子署名としては、書面の取締役会議事録で印鑑証明書の添付が必要となる場合に準じて（商業登記規則61条6項参照）、変更前の代表取締役の関与の態様に応じて、以下の電子署名が必要となる[100]。

	変更前の代表取締役	それ以外の出席取締役・監査役
原則	商業登記電子証明書、公的個人認証電子証明書、特定認証業務電子証明書（氏名・住所が確認できるものに限る）	
変更前の代表取締役が当該取締役会に出席している場合	商業登記電子証明書、公的個人認証電子証明書、特定認証業務電子証明書（氏名・住所が確認できるものに限る）	商業登記電子証明書、公的個人認証電子証明書、特定認証業務電子証明書（氏名・住所が確認できるものに限る）、その他法務大臣が定める電子署名のいずれでも可
決議の省略によった場合であって、変更前の代表取締役が議事録作成者として電子署名するとき	商業登記電子証明書、公的個人認証電子証明書、特定認証業務電子証明書（氏名・住所が確認できるものに限る）	

---

[100] 法務省「商業・法人登記のオンライン申請について_第3電子証明書の取得_添付書面情報（委任状情報を除く。）の場合_(注)8」
https://www.moj.go.jp/MINJI/minji60.html

【Q10　監査役会議事録・監査等委員会議事録と電子署名】

Q　監査役会議事録・監査等委員会議事録にはどのような電子署名が必要となるのでしょうか？

A　電子議事録である監査役会議事録・監査等委員会議事録には電子署名をすることが必要です。なお、監査役会議事録・監査等委員会議事録に必要な電子署名の種類に制限はありませんが、商業登記申請に添付する場合には、商業登記規則上の要件を満たす電子署名が必要となります。

〈解説〉

(1)　会社法における電子署名義務

　監査役会議事録には、出席監査役全員が電子署名をする義務がある（会社法393条3項）。なお、電子署名としては、広義の電子署名（☞Q5）であれば足りる（会社法施行規則225条2項）。

　監査等委員会議事録には、出席監査等委員全員が電子署名をする義務がある（会社法399条の10第4項）。なお、電子署名としては、監査役会議事録と同様、広義の電子署名（☞Q5）であれば足りる（会社法施行規則225条2項）。

(2)　商業登記申請に添付する場合の電子署名

　電子議事録である監査役会議事録・監査等委員会議事録を商業登記申請に添付する場合には、商業登記規則に従った電子署名をする必要がある（商業登記規則36条4項、102条5項。☞Q7）。

i) 対象者

　電子署名の対象者は、「作成者」（作成する権限がある者）である（商業登記規則36条4項、102条5項）。監査役会議事録については出席監査役が、監査等委員会議事録については出席監査等委員が、この作成者に当たるとされる。

ii) 電子署名の種類

　電子議事録である監査役会議事録・監査等委員会議事録の電子署名の種類については、電子議事録である株主総会議事録・取締役会議事録の原則的な

- 269 -

第6章　Q&A　議事録の電子化

取扱いと同様である（☞Q8・Q9）。

索引

い

一括審議（上程）方式................ 39

う

WEB決算開示........................ 80

え

EDINET 83
MBO 177
延会 32

お

オンライン会議システム....... 137, 206, 231

か

会社届出印 163
確定金銭報酬 91
株式 99
株式移転 123
株式移転計画 123
株式交換 121
株式交換契約 122
株式交付 124
株式交付計画 125
株式取扱規則 187
株式分割 183
株式併合 109
株式報酬 93
株主総会 18
株主総会の議長 37
株主名簿管理人 113
仮会計監査人 216, 242

き

簡易再編 194
監査等委員会 225
監査等委員会規程 251
監査等委員会の議長 234
監査報告 19
監査役会 202
監査役会規程 223
監査役会の議長 208
間接取引 171
官報 80

議案 19
基準日 20, 161
基準日公告 20
議題 19
記名 7
吸収合併 116
吸収合併契約 117
吸収分割 118
吸収分割契約 118
共益権 100
共同株式移転 123
共同新設分割 120

け

契印 9
計算書類 63
継続会 32
決議事項 19, 130, 203, 229
決算短信 190

索 引

こ

公開鍵暗号方式......................258
公告方法..............................80
公正証書原本不実記載等罪.........17
公的個人認証電子署名............260
後任補欠役員.........................89
コーポレートガバナンス・コード（CG
コード）.............................132
個人印鑑証明書......................163
個人実印.............................163
個別審議（上程）方式...............39

さ

最小行政区画........................196

し

自益権................................100
事業譲渡等...........................126
事業年度..............................85
事業報告..............................60
自己株式の取得......................180
自己株式の消却......................182
自己株式の処分......................179
支店..................................197
支配人................................166
四半期決算短信......................190
四半期報告書........................190
資本金の額の減少....................69
資本準備金...........................71
就任承諾書......................87, 164
重要財産の処分......................192
重要な業務執行の決定..............130
重要な使用人........................166
授権..................................100
授権資本.............................100

た

種類株式.............................102
種類株主総会.........................31
準備金................................71
商業登記...............................2
商業登記電子署名...................260
常勤監査役...........................218
商号..................................74
譲渡制限株式........................186
署名...................................7
書面決議........................30, 136
書面投票制度.........................21
書面報告........................30, 136
新株予約権報酬.......................94
新旧対照方式.........................73
新設分割.............................120
新設分割計画........................120
人的分割.......................118, 120

す

捨印...................................12

そ

続会..................................32
属人的定め...........................24
備置き................................14

た

退職慰労金...........................92
多額の借財...........................193
立会人（事業者）型電子署名.........260
単元株式.............................111

ち

直接取引.............................170

- 272 -

索引

て

定款	73
定時株主総会	29
訂正印	11
電子議事録	254
電子公告	80
電子署名	258
電磁的記録	5
電子投票制度	21

と

登記期間	35, 138, 207, 232
当事者署名型電子署名	260
特殊決議	24
特定監査等委員	246
特定監査役	219
特定認証業務電子署名	259
特別決議	23
特別特殊決議	24
取締役会規程	200
取締役会設置会社	18
取締役会の議長	140

な

内部統制システム	156, 191
内部統制報告書	191

に

日刊新聞紙	80
任意積立金	67
認定認証業務電子署名	259
認証業務電子署名	259

は

バーチャルオンリー型	33

（右列）

バーチャル総会	33
買収防衛策	115
ハイブリッド参加型	34
ハイブリッド出席型	33
発行可能株式総数	100

ひ

PDFファイル	257
非取締役会設置会社	18

ふ

袋とじ	9
普通決議	23
物的分割	118, 120
不動産登記	3
分割型分割	118, 120
分社型分割	118, 120

ほ

報告事項	19, 130
補欠役員	88
募集株式の発行	104, 178
補償契約	174
保存	14
本店	76
本店所在地	76
本店所在場所	76
本人確認証明書	87

み

みなし決議	30, 136
みなし報告	30, 136

む

無限定適正意見	63

も

目的 78

や

役員退職慰労金規程 92
役員等賠償責任（D&O）保険契約 175
役付取締役 164

ゆ

有価証券報告書 190
有利発行 105

よ

予選 87

り

利益準備金 71
略式再編 195
臨時株主総会 30
臨時計算書類 65

る

類似商号登記規制 74

れ

連結計算書類 64

＊本書は、2016年6月1日に、レクシスネクシス・ジャパン株式会社より初版が発行され、この度新訂版として新たに発行するものです。

編著者紹介

■ 編著者

鈴木　龍介(すずき りゅうすけ)

司法書士(簡裁訴訟代理等関係業務認定)／行政書士
司法書士法人鈴木事務所　代表社員
(http://www.suzukijimusho.com/)

● 主な役職等

　日本司法書士会連合会　副会長
　リスクモンスター株式会社(東証二部上場)　社外取締役
　慶應義塾大学大学院法務研究科　非常勤講師
　立教大学大学院法学研究科　兼任講師
　日本登記法学会　理事

● 主な著書

　『登記法入門 — 実務の道しるべ』(商事法務、2021年)
　『論点体系会社法　第6巻(第2版)』(第一法規、2021年)
　『実務に活かす判例登記法』(金融財政事情研究会、2021年)
　『「事業承継法」入門』(中央経済社、2020年)
　『商業・法人登記360問』(テイハン、2018年)

■ 著者(50音順)

内山　潤(うちやま じゅん)

司法書士(簡裁訴訟代理関係業務認定)
フクダリーガルコントラクツ&サービシス司法書士法人所属
(https://www.fukudalegal.jp/)

早川 将和（はやかわ まさかず）

司法書士（簡裁訴訟代理関係業務認定）

● **主な役職等**

ファーストアカウンティング株式会社　管理部　法務マネージャー

日本組織内司法書士協会　会長

（https://www.inhouseshihoshoshi.com/）

日本司法書士会連合会 組織改革対策部　部委員

● **主な著書**

『司法書士目線で答える会社の法務実務』（日本加除出版、2018年）

『詳細登記六法』（金融財政事情研究会、2013年〜）

『法人・組合と法定公告』（全国官報販売協同組合、2014年）

サービス・インフォメーション
―――通話無料―――

①商品に関するご照会・お申込みのご依頼
　　　　　　　　TEL 0120（203）694／FAX 0120（302）640
②ご住所・ご名義等各種変更のご連絡
　　　　　　　　TEL 0120（203）696／FAX 0120（202）974
③請求・お支払いに関するご照会・ご要望
　　　　　　　　TEL 0120（203）695／FAX 0120（202）973

●フリーダイヤル（TEL）の受付時間は、土・日・祝日を除く
　9：00〜17：30です。
●FAXは24時間受け付けておりますので、あわせてご利用ください。

新訂版　議事録作成の実務と実践

2022年4月1日　　初版発行
2022年8月15日　　初版第2刷発行
2023年1月15日　　初版第3刷発行
2025年4月10日　　初版第4刷発行

編　著　鈴　木　龍　介

発行者　田　中　英　弥

発行所　第一法規株式会社
　　　　〒107-8560　東京都港区南青山2-11-17
　　　　ホームページ　https://www.daiichihoki.co.jp/

議事録作成実務新　ISBN 978-4-474-07718-8　C2034（0）